Gerhard Kaiser
Benjamin. Adorno.

Fischer Athenäum Taschenbücher
Literaturwissenschaft

Wissenschaftlicher Beirat:

Klaus Briegleb, Hamburg
Heinz Hillmann, Hamburg

Redaktion:

Eduard Schönstedt
Klaus Wöhler

Gerhard Kaiser

Benjamin. Adorno.

Zwei Studien

Athenäum Fischer Taschenbuch Verlag

Athenäum Fischer Taschenbuch Verlag GmbH & Co., Frankfurt am Main
Alle Rechte vorbehalten
Lizenzausgabe (Auswahl) in Verbindung mit
Antithesen. Zwischenbilanz eines Germanisten 1970—1972.
© 1974 by Athenäum Verlag GmbH, Frankfurt am Main
Umschlagentwurf Endrikat + Wenn
Satzherstellung Libripresse
Druck und Bindearbeit Clausen & Bosse, Leck (Schleswig)
Printed in Germany
ISBN 3-8072-2062-3

INHALT

Marxistische Ästhetik — ästhetischer Marxismus, S. 79
— Georg Lukács, S. 81 — Neomarxismus, Kritische
Theorie, S. 87 — Adornos Philosophie im Angesicht der
Verzweiflung, S. 91 — Gegenwartskritik, S. 91 — Gegen-
wart als katastrophischer Kern der Geschichte, S. 93 —
Herrschaftsdenken, S. 94 — Dialektik, S. 94 — Negative
Dialektik, S. 96 — Natur und Geschichte, S. 97 — Das
Andere, S. 98 — Bilderverbot, S. 99 — Telos der Ge-
schichte?, S. 101 — Vorrang des Objektiven, S. 103 —
Subjekt und Gesellschaft, S. 104 — Das Besondere, S. 105
— Freiheit, S. 107 — Transzendenz, S. 107 — Ästhetische
Theorie, S. 109 — Kunstwerk als Erscheinung, S. 109 —
Aufblitzende und vergehende Schrift, S. 111 — Schein
des Scheinlosen, S. 111 — Gemachtes und Erscheinendes,
S. 112 — Allegorie und Symbol, S. 113 — Wahrheit und
Lüge, Sündenfall und Versöhnung, S. 114 — Kunst und
Natur, S. 117 — Mimesis und Rationalität, S. 118 — Kunst
und Gesellschaft, S. 120 — Das Subjekt der Werke, S. 121
— Autonomie und Wirkung der Werke, S. 123 — Kunst,
Theorie, Praxis, S. 125 — Prozeß und Einstand, S. 128 —
Kunstwerk und Geschichte, S. 129 — In den Werken kon-
stellierte Geschichte, S. 129 — Wahrheit und Konstel-
lation, S. 131 — Prozeß als Moment, Moment als Prozeß,
S. 132 — Vergänglichkeit der Werke, S. 133 — Moderne
und ältere Kunst, S. 133 — Chronologie in Adornos
Ästhetik, S. 135 — Kunst und Philosophie, S. 135 —
Kunst als Rätsel, S. 137 — Ästhetik als Überschreiten
der Werke, S. 138 — Besonderes und Allgemeines in den
Werken, S. 139 — Ästhetisches Fürsichsein als Schranke,

VORWORT

Gegenstand der Untersuchung sind Benjamins ›Geschichts-philosophische Thesen‹ und Adornos ›Ästhetische Theorie‹, zwei Werke, die trotz der Verschiedenheit ihres Umfanges darin übereinstimmen, Vermächtnis und letzte Konsequenz ihrer Autoren zu sein. In Auseinandersetzung mit der Benjamin-Forschung und im kritischen Nachdenken der Ästhetik Adornos werden Grundzüge und innere Spannungen der Kritischen Theorie freigelegt. Sie führen in die Divergenz: Philosophie der Geschichte oder Philosophie der Kunst; Resurrektion der Geschichte oder Resurrektion der Natur.

Die beiden hier abgedruckten Studien sind einem Sammelband von methodenkritischen und literaturtheoretischen Aufsätzen des Verfassers entnommen: Antithesen. Zwischenbilanz eines Germanisten 1970–72, Frankfurt 1973. Der Benjamin-Beitrag ist gegenüber dem Erstdruck in: Deutsche Vierteljahrsschrift für Literaturwissenschaft und Geistesgeschichte. Jg. 46, 1972, S. 577–625, erheblich verändert.

WALTER BENJAMINS »GESCHICHTS-
PHILOSOPHISCHE THESEN«

Zur Kontroverse der Benjamin-Interpreten

Walter Benjamins »Geschichtsphilosophische Thesen« sind im
posthumen Erstdruck, wo sie unter dem Titel »Über den
Begriff der Geschichte« standen, auf das Frühjahr 1940 da-
tiert[1]. Gershom Scholem nennt ihre abschließenden Sätze
den »letzten chronologisch fixierbaren Paragraphen des Benjaminschen Oeuvres, sozusagen eine confessio in extremis[2]«.
Die von Siegfried Unseld herausgegebene Sammlung »Illuminationen«[3] ordnet den »Thesen« das sogenannte »Theologisch-politische Fragment« so eng bei, daß es im Inhalts-
verzeichnis den »Geschichtsphilosophischen Thesen« ein-
begriffen wird. Theodor W. Adorno hat dieses »Fragment«

1 In: Die neue Rundschau. 61. 1950. S. 560—570. In W. B.:
Schriften. hg. v. *Theodor W. Adorno* und *Gretel Adorno* unter
Mitwirkung von *Friedrich Podszus*. 2 Bde. Frankfurt 1955,
heißt es über die unter dem Titel »Zentralpark« stehenden
fragmentarischen Aufzeichnungen: Sie »gehören zu dem letzten,
was *Walter Benjamin* geschrieben hat. Sie fallen in die Zeit 1939
bis 1940. Ob die Thesen ‹Über den Begriff der Geschichte« noch
später entstanden sind, läßt sich nicht mehr ermitteln.« (Bd. 1.
S. 493) In *Walter Benjamin: Charles Baudelaire. Ein Lyriker im
Zeitalter des Hochkapitalismus.* 1969, nennt der Herausgeber
Rolf Tiedemann die »Thesen« Benjamins letzte Arbeit (S. 185).
Heinz-Dieter Kittsteiner gibt in seinem Aufsatz »Die geschichtsphilosophischen Thesen« (in: Alternative. 10. 1967. S.
243—251, dort S. 246) ohne Begründung als Abfassungszeit
1938 an. Laut brieflicher Mitteilung von *Gershom Scholem* an
mich ist das Datum der Abfassung der »Thesen« in der jetzt
vorliegenden Form März 1940. Ein Teil des Manuskripts ist auf
die Rückseite eines Briefentwurfs aus den ersten Märztagen
1940 geschrieben.

2 *G. S.: Walter Benjamin.* In: Über *Walter Benjamin*. Mit Bei-
trägen von *Theodor W. Adorno, Ernst Bloch, Max Rychner,
Gershom Scholem, Jean Selz, Hans Heinz Holz* und *Ernst
Fischer*. edition suhrkamp 250. S. 132—162, dort 162.

3 *W. Benjamin:* Illuminationen. Ausgewählte Schriften. 1968. Nach
dieser Ausgabe wird zitiert.

gleichfalls spät angesetzt, veranlaßt wohl dadurch, daß Benjamin es ihm 1938 vorgelesen hat[4]. Gegen diese Spätdatierung sind inzwischen von Rolf Tiedemann Bedenken erhoben worden[5], desgleichen von Gershom Scholem bei einem Colloquium am Seminar für Allgemeine und Vergleichende Literaturwissenschaft der Freien Universität Berlin am 17. Mai 1968. Hier wird das »Theologisch-politische Fragment« auf Grund seiner »Denktendenz« und seiner Terminologie der Zeit von 1920/21 zugeschrieben. Ernst Blochs »Geist der Utopie«, auf den sich Benjamin bezieht, ist 1918 erschienen, und das »Fragment« könnte ein Zeugnis der frühen intensiven Auseinandersetzung mit diesem Werk sein[5a]. Objektive Datierungsmerkmale gibt es allerdings nach Gershom Scholems Auskunft nicht. Ohne Scholems Überlegungen ihre Berechtigung absprechen zu wollen, bleibt die folgende Studie in heuristischer und methodischer Absicht bei dem Ansatz, von der Zusammengehörigkeit der »Thesen« und des »Fragments« auszugehen. Sie hat dafür drei Gründe: Erstens liegt hier die Basis für die Diskussion mit der bisherigen Forschung, die einen Zusammenhang zwischen »Thesen« und »Fragment« bei inhaltlichen Interpretationen nicht in Zweifel gezogen hat und aus diesem Zusammenhang argumentiert. Zweitens: Selbst wenn die »Thesen« und das »Theologisch-politische Fragment« entstehungsgeschichtlich nicht benachbart sein sollten, spräche die Verlesung durch Benjamin ohne relativierenden Entstehungshinweis dafür, daß er seine Position von 1938 in einem frühen Text wiedererkannt hat. Drittens kreisen die »Thesen« um die gleichen Zentralbegriffe — Glück,

4 Nach Mitteilung von *Gershom Scholem* an mich. Zur Spätdatierung durch *Theodor W. Adorno* s. T. W. A.: Charakteristik *Walter Benjamins*. In: Die Neue Rundschau 61. 1950. S. 571 bis 584, dort S. 584. Die Benennung »Theologisch-politisches Fragment« erfolgte durch die Herausgeber der Schriften Benjamins. s. W. B.: Schriften. Bd. 1. S. 511.

5 S. *Theodor W. Adorno*. Über *Walter Benjamin*. hg. und mit Anmerkungen von *Rolf Tiedemann*. Bibliothek Suhrkamp 1970, S. 168. Anm. 19.

5a Hinweis meines Assistenten *Dr. Gerhard Buhr*.

Erlösung, das Messianische — wie das »Fragment« und bedenken die gleiche Spannung von Geschichte und Reich Gottes. Sicher müßten tragende Vorstellungen wie Glück oder Nihilismus in einem früheren Text andere Bedeutungsnuancen haben als in einem späteren, und das Datierungsproblem kann nicht eher als gelöst gelten, bis die Frage nach solchen Bedeutungsdifferenzen aufgegriffen und befriedigend beantwortet ist. Aber wenn auch die »Thesen« nicht, wie das »Fragment«, von Nihilismus sprechen, ist doch das Thema Nihilismus für den späteren Benjamin aktuell geblieben. Die Surrealismus-Arbeit von 1929 und das Fragment berühren einander, wenn das »Fragment« eine »Weltpolitik« fordert, »deren Methode Nihilismus zu heißen hat«, und der Surrealismus-Aufsatz den Surrealisten einen Blick für den »revolutionären Nihilismus« zuspricht[6], allerdings ohne diesen, wie das »Fragment« es tut, indirekt auf das Messianische zu beziehen. Tiedemann, der Benjamins Nihilismus in den Umkreis anarchistischer Auffassungen bringt, sagt in Hinblick auf das, was Benjamin vom unvollendeten Baudelaire-Buch nachließ, es lasse »als Palimpsest sich lesen: unter dem ouverten Marxismus wird der alte Nihilismus wiederum sichtbar[7]«. So zeigen auch die »Thesen« eine apokalyptische Energie der Negation, die den Weg freimachen soll für das Messianische, ja, die ein Moment des Messianischen selbst ist: Erlösend löscht der Messias das Falsche aus. Ähnliches gilt für den Begriff des Glücks: Selbst wenn die »Thesen« nicht ausdrücklich, wie das »Fragment«, von einer Richtung des Irdischen auf Untergang im Glück sprechen, weist doch die Orientierung der Vorstellung vom Glück am Begriff der Erlösung und deren Terminieren in Vollendung auf einen sehr ähnlichen Sinn, da in der Vollendung eben ein Ende liegt, über das

6 Der Sürrealismus. Die letzte Momentaufnahme der europäischen Intelligenz, in: W. B.: Angelus Novus. Ausgewählte Schriften 2. 1966. S. 200—215, dort S. 204.
7 W. B.: *Charles Baudelaire.* Nachwort von *Tiedemann* S. 186. ebd. S. 185 f. zum Anarchismus. vgl. a. *Rolf Tiedemann:* Studien zur Philosophie Walter Benjamins. 1965. S. 122.

nichts hinausgeht. Man erinnere sich der Passagennotiz, nach
der das Eingedenken das Unabgeschlossene, nämlich das
Glück, zu einem Abgeschlossenen macht[8], und der quasi
leitmotivisch Benjamins Werk durchziehenden Talmudlegen-
de, der zufolge Engel in unzähligen Scharen, jeden Augenblick
neue, vor Gottes Angesicht erscheinen, ihre Stimme erheben
und in Nichts vergehen. Wenn auch die Vorstellung vom
Engel sich wandelt — dieser Zug bleibt. Im übrigen ist es
unmöglich, bei Benjamin eindeutige Entwicklungslinien zu
konstatieren, auf Grund deren Positionen endgültig überholt
werden. Zu vieles steht nebeneinander, zu vieles taucht wieder auf. Benjamin selbst spricht in einem Brief an Theodor
W. Adorno vom 9. Dezember 1938 von einem »Antagonismus« zwischen seinen »produktiven Interessen« am dialektischen Materialismus und seinen ursprünglichen Interessen,
denen die neuen »gelegentlich Gewalt anzutun versuchen
können«, einem Antagonismus gleichwohl, »dem enthoben
zu sein ich nicht einmal im Traum wünschen könnte. Seine
Bewältigung macht das Problem der Arbeit aus, und dieses
ist eins ihrer Konstruktion[9]«. Vollends für Benjamins letzte
Zeit hat Gershom Scholem in dem oben genannten Protokoll
mit Berufung auf einen Brief Benjamins an ihn vom 11. Ja-
nuar 1940 glaubhaft gemacht, daß es unter dem Eindruck des
Hitler-Stalin-Paktes zu einer Wiederannäherung an ältere,
vormarxistische Überzeugungen gekommen sei[10]. Durchgehend gibt es einen Zug in Benjamins Denken, den er als
dem Historiker eigentümlich in den »Geschichtsphilosophischen Thesen« beschreibt und mit dem Begriff der Konstruktion in enge Verbindung bringt: Wie der Historiker vorüberhuschende Vergangenheit und Gegenwart in Jetztzeit als
Konstellation erfaßt und darin beiden Möglichkeiten zu-
bringt, so treten in Benjamins Denken frühere und spätere

8 Vgl. S. 240 der vorliegenden Arbeit.
9 *W. B.:* Briefe. hg. und mit Anmerkungen versehen von *Gers-*
   hom Scholem und *Theodor W. Adorno.* 2 Bde. 1966. Bd. 2. S.
   793.
10 *W. B.:* Briefe. Bd. 2. S. 845 ff.

Positionen in Konstellation zueinander und verwandeln sich darin wechselseitig: Das Alte wird gerettet und kommt als Potential dem Neuen zu. Auch derart könnte das Verhältnis der »Geschichtsphilosophischen Thesen« und des »Theologisch-politischen Fragments« gedacht werden — bis zu der Konsequenz, daß vielleicht im »Fragment« der Keim der »Thesen« liegt: Ihre erstaunliche geistige Nähe zueinander ist nicht unbedingt auf eine entstehungsgeschichtliche Nähe angewiesen.

Auch für sich allein genommen bezeugen die »Geschichtsphilosophischen Thesen« eindringlich den Rückgriff auf die jüdische Überlieferung gerade gegen Benjamins Lebensende, denn ein Hauptunterschied zur Vorstufe ihrer Ausformulierung in dem Aufsatz »Eduard Fuchs, der Sammler und Historiker«, der 1937 in der »Zeitschrift für Sozialforschung« veröffentlicht wurde, liegt darin, daß erst die endgültige Fassung in Thesenform die messianische Perspektive herstellt. Man kann deshalb den »Geschichtsphilosophischen Thesen«, die Theodor W. Adorno dem Leser der zweibändigen Ausgabe als einen Schlüssel zu Benjamins Werk empfohlen hat[11], darüber hinaus eine Schlüsselbedeutung in der Auseinandersetzung um Benjamins Marxismus zuerkennen, dem er sich seit 1925 annäherte[12]. Gershom Scholem, der seinen Freund Benjamin in der Jugend in die jüdische Mystik und den jüdischen Messianismus eingeführt hatte, macht die »Geschichtsphilosophischen Thesen« in diesem Bezug fest. Er nennt sie einen »quasi marxistischen Text«[13] und interpretiert generell Benjamins Marxismus als ein Selbstmißverständnis: »Er suchte seine Dialektik, die die eines Metaphysikers und Theologen war, mit der materialistischen gleichzusetzen[14].« Auch Theodor W. Adorno sieht die Berührung

11 *W. B.*, Schriften. Bd. 1, Einleitung S. XIX.
12 *Rosemarie Heise*, Vorbemerkungen zu einem Vergleich der Baudelaire-Fassungen, in: Alternative. 10. 1967. S. 198—202, dort S. 202.
13 *G. Scholem*, Benjamin. S. 162.
14 *G. Scholem*, Benjamin. S. 148.

Benjamins mit dem Marxismus als ephemer an: »Zum dialektischen Materialismus zog ihn wohl überhaupt weniger dessen theoretischer Gehalt als die Hoffnung auf ermächtigte, kollektiv verbürgte Rede[15].« Während aber Scholem den Marxismus Benjamins ein »Experiment großen Stils« nennt, das Unternehmen, die Betrachtungsweise des Marxismus als »heuristische Methode« anzuwenden[16], spricht Adorno von

15 W. B., Schriften. Bd. I. Einleitung S. XXII.
16 G. Scholem, Benjamin, S. 149. Vgl. a. ebd. S. 34. Ganz ähnlich äußert sich Hannah Arendt in ihrem großen Essay »Walter Benjamin« (Erstdruck in: Merkur. Deutsche Zeitschrift für europäisches Denken. XXII. Jg. 1968. S. 50—65. 209—223. 305 bis 315; dort S. 59): »...für Benjamin, der diese Lehre nur als heuristisch-methodische Anregung benutzte, blieben die historischen wie die sachlich-philosophischen Hintergründe ohne Belang.« Hannah Arendt nimmt allerdings auch Benjamins Berührung mit der jüdischen Theologie als Randerscheinung; sie spricht von seinem »unentschiedenen Zionismus« und »einem im Grunde nicht weniger unentschiedenen Kommunismus« (ebd. S. 220). Überhaupt lehnt sie eine Interpretation Benjamins als Philosoph ab (»Die Philosophie Walter Benjamins — damit erweist man ihm keine Ehre«; ebd. S. 58) und nennt den »einzig streng philosophische(n) Text von Bedeutung — nach den Jugendversuchen — ... die erkenntniskritischen Seiten in der Vorrede zum ›Ursprung des deutschen Trauerspiels‹« (ebd. S. 59). Die ›Geschichtsphilosophischen Thesen‹ treten demnach als solche nicht in ihren Blick. Sie versteht Benjamin geschichtspsychologisch aus der Assimilationskrise des Judentums, literarisch als homme de lettres und Zeitkritiker, der, »ohne ein Dichter zu sein, dichterisch dachte« (ebd. S. 62, ähnlich S. 314). Merkmale von Benjamins dichterischem Denken sind ihr seine Metaphorik (»Er konnte ohne Schwierigkeit die Überbautheorie [des Marxismus] als die endgültige Lehre metaphorischen Denkens begreifen«; ebd. S. 62) und das Denken in Denkbruchstücken und Zitaten (ebd. S. 305); Hannah Arendt stellt nicht die Frage, ob nicht dieser Denkstil seinerseits Ausdruck einer Philosophie sein könnte, die sich adäquat in Metapher und Denkbruchstück äußert. Das wäre naheliegend nicht nur im Blick auf Kritische Theorie und Neomarxismus, von denen Hannah Arendt Benjamin wohl allzu scharf polemisch absetzt, sondern auch im Blick auf Martin Heideggers Denken durch Sprache und Sprachbilder, dem sie Benjamin wohl allzu sehr annähert, übrigens in einer gewissen Inkonsequenz gegenüber

einem »Typus von Marxismus, den er [Benjamin] als ortho-
doxes Lehrstück zu übernehmen meinte, ohne zu ahnen, was
er in produktivem Mißverständnis damit anstellte[17]«. Benjamins Verhältnis zur jüdischen theologischen Tradition bestimmt Adorno, in Nähe zur eigenen Position, substantial
dialektisch als »rettende Preisgabe durch rückhaltlose Säkularisierung[18]«: »Er hält, in der Tradition des jüdischen Messianismus, daran fest, daß Erlösung innerweltlich zu denken,
daß sie mit gesellschaftlicher Befreiung identisch sei[19].«

Rolf Tiedemanns Interpretation der Geschichtsphilosophie
Benjamins folgt dieser Linie Adornos, wenn er auch mehr funk-
tionalistisch von einer »Umfunktionierung von Theologie«
bei Benjamin redet[20], die Benjamin im Surrealismus gefunden
haben soll. Indem Tiedemann für Benjamins Geschichtsphilosophie die Voraussetzung Adornos einführt, die Bewegung
der Geschichte sei eine im Zirkel, »welcher sie in mythische
Immergleichheit gebannt hält[21]«, rückt er ihn entschieden
vom Marxismus ab, macht ihn streckenweise von Adorno
ununterscheidbar und gewinnt sich, wo diese Annäherung
nicht möglich ist, durch Substituion eine Basis der Kritik an

ihrem eigenen Deutungsansatz für *Benjamin* als Nicht-Philo-
soph. Doch selbst wenn *Benjamin* kein Philosoph gewesen wäre
— auch *Hannah Arendts* Hinweis auf Goethes Geringschätzung
der Philosophie, der Benjamins Meinung über Philosophie ent-
sprochen habe (ebd. S. 58), löst das Problem nicht, denn auch
das Denken des Nichtphilosophen Goethe ist philosophisch von
großer Valenz; seine Konzeption des Urphänomens und des
Symbols bezeichnen philosophische Positionen von höchstem
Anspruch (s. *Wilhelm Emrich*, Die Symbolik von Faust II.
²1957).

17 *W. B.*, Schriften Bd. I. Einleitung S. XXII.
18 Ebd. S. XXII.
19 Vorrede von *Th. W. Adorno* zu *Rolf Tiedemann*, Studien zur
Philosophie Walter Benjamins, 1965. S. X. Im Zusammenhang
des Surrealismus wird Benjamin gesehen bei *Karl Heinz Bohrer*,
Die gefährdete Phantasie oder Surrealismus und Terror,
München 1970.
20 R. T., Studien zur Philosophie Walter Benjamins, S. 119.
21 ebd. S. 103.

8 *Gerhard Kaiser*

Benjamins Konzept dialektischer Bilder, das eben gerade nicht von einem »Stillstand der Gesellschaft« ausgeht[22], vielmehr von der revolutionären Stillegung des »Fortschritts« in den Abgrund. Charakteristischerweise kritisiert Benjamin den Surrealismus von einer Tiedemann entgegengesetzten Position aus: nicht, weil er Revolution vortäuscht, wo Immobilismus ist, sondern weil seine Revolte nicht Revolution ist[23]. Tiedemanns funktionalistische Auffassung von Benjamins Verhältnis zur Theologie zeigt sich besonders deutlich darin, daß er sein Verständnis durch den Verweis hinreichend abgestützt glaubt, Benjamin habe beim Surrealismus die, wie Benjamin selbst sagt, »wahre, schöpferische Überwindung religiöser Erleuchtung« in einer »profanen Erleuchtung einer materialistischen, anthropologischen Inspiration« gefunden[24]. Überwindung religiöser Erleuchtung, profane Erleuchtung bedeutet allerdings nicht Preisgabe einer religiösen Erfahrungsweise, sondern Übertragung dieser Erfahrungsweise auf profane Gegenstände. Aus der Erfahrung des Alltäglichen springt die Erleuchtung heraus. »... ›profane Erleuchtung‹ ist immer noch Erleuchtung und nichts anderes. ... im Unterschied zu der materialistischen Auffassung solcher Erfahrung, welche die mystische oder okkulte Erfahrung verschwinden läßt, ist sie für Benjamin eben grade dort noch präsent[25]«. Die Kate-

22 ebd., S. 129.
23 *W. Benjamin*, Der Sürrealismus. Die letzte Momentaufnahme der europäischen Intelligenz. (in: *W. B.*, Angelus Novus. Ausgew. Schriften, Bd. 2, S. 200—215). In diesem Aufsatz, auf den sich Tiedemann bezieht, sagt Benjamin über die Surrealisten: »Aber gelingt es ihnen, diese Erfahrung von Freiheit mit der anderen revolutionären zu verschweißen, die wir doch anerkennen müssen, weil wir sie hatten: kurz mit dem Konstruktiven, Diktatorischen der Revolution? Kurz — die Revolte an die Revolution zu binden?« (S. 212)
24 ebd., S. 202; zitiert bei Tiedemann, Studien, S. 119.
25 *Gershom Scholem*, Walter Benjamin und sein Engel, in: Zur Aktualität W. B. s. Aus Anlaß des 80. Geburtstags von W. B., hg. v. *Siegfried Unseld*, Frankfurt 1972 (=Suhrkamp TB 150), S. 87—138, dort S. 127. Benjamin selbst nennt die Religion im Surrealismusaufsatz (S. 202) eine strengere Vorschule zur

gorien der Erlösung und des Messianischen werden von Tiedemann im Zusammenhang von Benjamins Theologie-Verhältnis nicht diskutiert — obwohl Tiedemann neuerlich hier einen stärkeren Akzent setzt, indem er von Benjamins Sozialismus sagt, daß in ihm »bis zuletzt ein eschatologisches Moment hartnäckig überlebte[26]«. Tiedemann kritisiert jetzt übrigens Benjamin eher vom Marxismus her, weniger, wie in der Dissertation, aus der Position Adornos. Das Ergebnis für Benjamins Beziehung zum Marxismus bleibt allerdings das gleiche. Das Nachwort Tiedemanns zu Benjamins Baudelaire-Buch, das eine gedrängte Darstellung von Benjamins Verhältnis zum Marxismus enthält, sieht in den »Thesen« ein Dokument dafür, »wie kursorisch die Übernahme der Lehre des historischen Materialismus war: wohl begegnet in den Thesen die Rede vom historischen Materialismus häufig, aber nur weil anders, nach einem Wort von Heinz-Klaus Metzger, niemand auf den Gedanken käme, deren aus Quellen der jüdischen Mystik gespeiste Geschichtstheorie habe mit jenem etwas zu tun[27]«.

Mehr formal als Tiedemann sieht Hans Heinz Holz Benjamins Beziehung zur Theologie. Die zuerst in der DDR veröffentlichte Studie »Prismatisches Denken«[28] nennt den »theologische[n] Archetyp« der Erlösung bei Benjamin »ein im Grunde säkulares Moment«, das »ohne Auflösung seiner Intention, nur unter Abstrich ideologischer Zutaten, von der innerweltlichen Befreiungsbewegung übernommen werden« kann[29]. Nach dem Abstrich der ideologischen Zutaten bleibt für Holz ein auf Bloch bezogener Marxismus Benjamins übrig: »... die Geschichte selbst führt, als bewußt verän-

---

materialistischen Inspiration als die gefährliche Vorschule von Haschisch und Opium.

26 *W.B.*, Charles Baudelaire, Nachwort von *Tiedemann*S.189 f.
27 ebd., S. 185 f.
28 *Hans Heinz Holz*, Prismatisches Denken, in: Sinn und Form, 1956; erweiterte Fassung in: Über Walter Benjamin, edition suhrkamp 250. S. 62—110. Nach dieser Ausgabe wird zitiert.
29 ebd., S. 106.

dernde, schon zum Zustand der Befreiung«, nämlich dem der
»klassenlosen Gesellschaft«, »womit die Erlösung schon dies-
seitig vollzogen wäre[30]«. Vorsichtiger nennt der spätere Aufsatz »Philosophie als Interpretation. Thesen zum theologischen
Horizont der Metaphysik Benjamins[31]« die »Geschichtsphilosophischen Thesen« »... in ihren praktischen Konsequenzen
doch sehr kommunistisch«. In Aufnahme eines Ansatzes der
Studie über »Prismatisches Denken«, Benjamins theologische
Rede über seine philosophischen Gegenstände sei zwar
»schlüssig, wenn auch nicht notwendig[32]«, interpretiert Holz
jetzt Benjamins theologische Vorstellungen als bildhafte Erscheinung einer »Ontologie des Geschichtlichen«, die auf »Ablösung der Theologie« ziele, und polemisiert von hier aus
gegen Adornos Vorstellung einer »theologischen Substanz«
bei Benjamin[33]. Holz sieht Benjamin nun als »eine Art marxistische[n] Rabbi, für den das heilige Wort sich als Welt
der Dinge und Dingbeziehungen materialisiert hatte, so daß
eine materialistische Dialektik zur Interpretation der innerweltlichen Wirklichkeit den theologischen Horizont nicht zu
verlassen brauchte, sondern ihn eher konkretisieren sollte[34]«.
Insbesondere die Kategorie der Totalität, in der jede Einzel-
heit begründet ist, sei »sowohl jüdisch wie christlich-abend-
ländisch ... nur unter der Idee Gottes begriffen oder aber
positivistisch, agnostizistisch oder skeptisch aufgelöst worden«, so daß »auch materialistische Dialektik jenen metho-
dologischen Rückbezug auf theologische Begründungsweisen
in sich aufbewahrt haben« mußte, den Benjamin dann in
seiner theologischen Redeweise nach außen kehrt[35]. Indem
Holz die Möglichkeit andeutend erwägt, »daß im Rückgang
auf die Vorsokratiker, möglicherweise auch auf die Kosmo-

---

30 ebd., S. 106 f.
31 *H. H. Holz*, Philosophie als Interpretation, in: Alternative, 10,
    1967, S. 235 bis 242, dort S. 242.
32 *Holz*, Prismatisches Denken, S. 83.
33 ebd., S. 82, Anm. II.
34 *H. H. Holz*, Philosophie als Interpretation, S. 242.
35 ebd., S. 242.

logie der Chinesen eine solche spekulative Metaphysik vielleicht auch außerhalb der theologischen Tradition zu ent-
wickeln sein möchte[36]«, gibt er dem Theologischen bei Benjamin eine rein geistesgeschichtliche Begründung: Benjamin
greift in das Arsenal von Redeweisen zurück, das ihm durch
Tradition zugewiesen ist.

Seine Politisierung und Psychologisierung erfährt das Problem schließlich in Ernst Fischers Essay »Ein Geisterseher in
der Bürgerwelt[37]« und in Heinz-Dieter Kittsteiners Interpretation der »Geschichtsphilosophischen Thesen«[38]. Fischer
konstatiert im Blick auf Benjamin, »der Marxismus ist seiner
Melancholie nicht Herr geworden«[39]; Kittsteiner begründet
Benjamins Festhalten an theologischen Denkrelikten in seiner
verzweifelten Erfahrung einer politisch hoffnungslosen Situation, ohne allerdings zu überlegen, daß andere Marxisten in
ähnlicher Situation wie Benjamin ohne Theologie auskamen:
»Das vom einzelnen Menschen erfahrene Unglück schien nicht
ein vereinzeltes; es konnte die Perspektive auf Herstellung
von Glück insgesamt auslöschen. Theologie als chokhaft-
oktroyierte spreizte sich über das Eingedenken hinaus auf
zum Bedenken des Geschichtsverlaufs als Katastrophe im
Bild des Angelus Novus[40].« Polemisch gegen die »Dialektik
der Aufklärung« von Max Horkheimer und Theodor W.
Adorno, deren Denken angesichts der gleichen Bedrohung
»in der ohnmächtigen Bestätigung naturgeschichtlichen Grau-
ens ... mit der Verwirklichung von Geschichte ein Ende«
macht[41], geht nun aber Kittsteiner daran, in Benjamins »Geschichtsphilosophischen Thesen« einen progressiven marxistischen Bestand auszuheben. Er beruft sich dabei auf Benja-

---

36 ebd., S. 242.
37 *Ernst Fischer*, Ein Geisterseher in der Bürgerwelt, in: ed. suhrkamp 250, S. 111—131.
38 *H. D. Kittsteiner*, Die »Geschichtsphilosophischen Thesen«, in:
   Alternative, 10. 1967, S. 243—251.
59 *E. Fischer*, Geisterseher, S. 120.
40 *Kittsteiner*, »Thesen«, S. 251.
41 ebd., S. 246.

mins »Geschichtsphilosophische Thesen« selbst, die dem
Gewesenen einen »Heliotropismus geheimer Art« (IV) zusprechen, kraft dessen es sich der Sonne zuwendet, die am
Himmel der Geschichte im Aufgehen ist. »Benjamins ›Geschichtsphilosophische Thesen‹, will man eine im Aufgehen
begriffene historische Sonne ausmachen, haben sich auf dem
bedruckten Papier verändert[42].« Fragt sich allerdings, wo denn
diese im Aufgehen begriffene historische Sonne, »die Möglichkeit von Praxis in einer veränderten historischen Situation[43]« sein soll, da doch unter dem Aspekt Adornos und
seiner Schule gerade die Hoffnungen, an denen sich Benjamin
festklammerte, durch den Geschichtsverlauf überholt sind.
Hier steht Behauptung gegen Behauptung. Vor allem aber
liegt in dieser Anwendung der »Geschichtsphilosophischen
Thesen« auf die »Geschichtsphilosophischen Thesen« eine
Petitio principii. Kittsteiner muß, um die marxistische Wahrheit der »Thesen« zu beweisen, auf einen Ansatz der »Thesen«
zurückgreifen, dessen Wahrheit seinerseits erst zu beweisen
wäre und der jedenfalls schwerlich marxistisch ist. Legt doch
Kittsteiner selbst den historischen Materialisten der »Geschichtsphilosophischen Thesen« nach den zwei Seelen in
seiner Brust dergestalt auseinander: »der historische Materialist tritt der Gegenwart als Marxist, der Vergangenheit als
Theologe des Eingedenkens gegenüber[44]«. Gerade dem Eingedenkenden aber kommt die Vergangenheit ins Zeichen der
Erlösung und Errettung, wird sie zur Kraft im Kampf, so daß
ironischerweise von Kittsteiner eine theologische Position bezogen werden muß, um die »Geschichtsphilosophischen Thesen« dem Marxismus zu retten.

　　Die bestehende Kontroverse legt es nahe, die »Geschichtsphilosophischen Thesen« Benjamins nicht nur, wie bisher
immer wieder geschehen, punktuell einer übergreifenden Argumentation beizuziehen, sondern sie einläßlich in der Struktur ihres Argumentationsverfahrens selbst zu interpretieren

42 ebd., S. 251.
43 ebd., S. 251.
44 ebd., S. 250.

— nicht im Sinne einer von Benjamin und unter Berufung auf ihn von Kittsteiner abgelehnten Einfühlung in das Einzelne als bloß einzelnes, das festzustellen ist[45], vielmehr im Sinne der von Benjamin geforderten und immer wieder praktizierten Entzifferung, die den Gegenstand als Monade faßt: »Die Idee ist Monade«, sagt Benjamin in »Ursprung des deutschen Trauerspiels«[46] — »das heißt in Kürze: jede Idee enthält das Bild der Welt. Ihrer Darstellung ist zur Aufgabe nichts Geringeres gesetzt, als dieses Bild der Welt in seiner Verkürzung zu zeichnen.« Die Auslegung der »Geschichtsphilosophischen Thesen« könnte im Falle des Gelingens Anwendung von Benjamins eigenem Verfahren zu philosophieren auf einen seiner Texte sein — Philosophieren als auslegende Versenkung in den Gegenstand, der, je tiefer sein Besonderes ausgegraben wird, um so mehr Allgemeines freigibt[47]: Aufschluß nicht nur über den letzten Stand von Benjamins Denken in seinen Grundsätzen, sondern auch über Problemlagen des Neomarxismus. Steht doch Benjamins individuelle Situation im Rahmen einer übergreifenden theologischen, speziell jüdisch-messianischen Aufladung des an Marx anknüpfenden Philosophierens, wie sie sich vergleichbar bei Ernst Bloch, Theodor W. Adorno, Max Horkheimer und Herbert Marcuse findet. Ich nehme bei der Auslegung der »Geschichtsphilosophischen Thesen« bewußt die Gefahr der Breite und gelegentlicher Wiederholungen in Kauf, denn der Blick auf den ungenauen, durch Zerreißung der Zusammenhänge oft geradezu fahrlässigen Umgang mit Benjamin-Zitaten, der heute weit verbreitet ist, zeigt, wie notwendig ein zugleich interpretierendes und kommentierendes Erklärungsverfahren für diesen schwierigen Text ist.

45 *Kittsteiner* sagt ebd., S. 251: »Wollte man sich einfühlend an die Thesen heranbegeben, käme man zu genau diesem Resultat« — nämlich von *Benjamins* Erfahrung der Ohnmacht.
46 *W. B.*, Schriften, Bd. I, S. 164.
47 *Th. W. Adorno* sagt über *Benjamin:* »Philosophie bestand ihm wesentlich aus Kommentar und Kritik«. (Charakteristik W. B. s. S. 576).

Bereits die erste von Benjamins Thesen thematisiert das Verhältnis von Theologie und historischem Materialismus, das den folgenden Thesen ebenso zugrunde liegt, wie es ihre Formulierung ermöglicht. Die weiteren siebzehn Thesen zeigen auf den ersten Blick wenig Zusammenhang und Folge. Jede einzelne setzt neu an, gibt eine überraschende Durchsicht frei auf einen relativ kleinen Bestand an Motiven, die aber das gesamte Fragenfeld der Geschichtsphilosophie einspannen. Benjamin erfüllt in dieser Darstellungsweise Postulate, unter die er selbst den Philosophen stellt: »... die Kunst des Absetzens im Gegensatz zur Kette der Deduktion; ... die Wiederholung der Motive im Gegensatz zum flachen Universalismus...[48]« Die innere Ordnung der Motive wird, statt durch lineare Argumentation, durch wechselnde Gruppierung hervorgebracht. An die Stelle der Summierung von Ergebnissen tritt die Ausweitung des Themas durch immer reicher und dichter werdende Korrespondenzen. Es entsteht eine »Fülle der gedrängten Positivität«, wie sie Benjamin für den philosophischen Stil verlangt, allerdings durchtränkt von der Schärfe der »negierenden Polemik«, die Benjamin sonst ebenso wie die »Geste des Fragments« aus der philosophischen Schreibweise verbannt[49]. Fragmentarismus und Polemik bezeichnen die hier betrachteten Texte als Entwurf, Vermächtnis und Streitschrift. Doch herrscht in der nicht ausgefalteten Gedankenmasse strenge Komposition. Die Thesen II bis VII fragen, weithin in Polemik gegen den Historismus, nach dem Verhältnis des Historikers zur Vergangenheit als einer zu erlösenden. Die Thesen VIII bis XIII destruieren die Kategorie des Fortschritts und verankern die Überlegung in aktuellen Bezügen auf die Sozialdemokratie, deren Fortschrittsglaube den Sieg des Faschismus ermöglicht habe. Die Thesen XIV

---

48 *W. B.*, Ursprung des deutschen Trauerspiels, in: Schriften, Bd. I, S. 147.

49 Insofern ist es schief, wenn *Theodor W. Adorno* in der Einleitung der »Schriften« (S. XIII) das Fragment als philosophische Form Benjamins bestimmt, mit der er an die Frühromantik anknüpfe.

bis XVIII erörtern die Chance der Sprengung des Kontinuums der Geschichte im Moment der Jetztzeit. Das Gleichgewicht dieser Fünfergruppe der Thesen zu den beiden vorhergehenden Sechsergruppen wird durch die Aufteilung der umfangreichen letzten These in drei Abschnitte hergestellt. Eine weitere, die Dreiteilung mit einer Zweiteilung überlagernde Gliederung entsteht dadurch, daß innerhalb der Mittelgruppe der Thesen und genau in der Mitte des Werks mit seinen achtzehn Thesen die Thesen IX und X eine Sonderstellung einnehmen: Die These IX bringt das pathetische, groß entfaltete emblamatische Bild vom Engel der Geschichte, in dem alle bis dahin erörterten Motive zusammenlaufen: er wird vom Sturm des Fortschritts rückwärts getrieben, während er im Wunsch zu erlösen (die Toten zu erwecken und das Zerschlagene zusammenzufügen) das Antlitz der Vergangenheit zuwendet. Zugleich wird in der Metapher von der Kette der Begebenheiten, die er als einzige Katastrophe sieht, das Thema der Kontinuität und Diskontinuität der Geschichte präludiert, das die letzte Gruppe der Thesen beherrscht. Die These X, am Eingang der zweiten Hälfte der Thesen, spricht deren Bestimmung aus.

Die erste These Benjamins korrespondiert der IX. durch die breite Entfaltung eines emblematischen Bildes, die allenfalls im »Theologisch-politischen Fragment« ein Gegenstück hat. Während im »Fragment« aber Bild und Auslegung nahtlos ineinandergreifen, stimmen I. und IX. These auch darin überein, daß in beiden merkwürdige Interferenzerscheinungen zwischen Bild und Auslegungen bestehen. Ist das Emblem der IX. These pathetisch, so mutet das der ersten These eher skurril an. Benjamin spricht von einem Schachautomaten, einer Puppe vor einem Schachbrett, die scheinbar fähig ist, jeden Gegner zu schlagen, während in Wirklichkeit ein versteckter buckliger Zwerg die Partie führt[49a]. »Zu dieser Appa-

---

[49a] Benjamin bezieht sich hier wohl auf einen durch Wolfgang v. Kempelen (1734—1804) konstruierten Schachautomaten, dessen Beschreibung er möglicherweise bei seinen Poe-Studien gefunden hat. (s. *E. A. P.*, Maelzel's Chess-player, in: The Complete

ratur kann man sich ein Gegenstück in der Philosophie vorstellen. Gewinnen soll immer die Puppe, die man ›historischen
Materialismus‹ nennt. Sie kann es ohne weiteres mit jedem
aufnehmen, wenn sie die Theologie in ihren Dienst nimmt,
die heute bekanntlich klein und häßlich ist und sich ohnehin
nicht darf blicken lassen.« Nach Benjamins Bildauslegung
geht es um die Möglichkeit, daß die Puppe den Zwerg in
Dienst nimmt: die Puppe, von der allerdings nicht gesagt ist,
daß sie der historische Materialismus ist, sondern lediglich,
daß man sie so nennt. Wie später in der IX. These ist auch
hier schon unterschieden zwischen dem, was ist, und wie es
uns erscheint. Was man historischen Materialismus nennt, ist
ein geistloser Apparat, ein Popanz, ein Türke — denkbar bei
Benjamins Sinn für Sprachmetaphorik, daß die Redensart:
Einen Türken bauen, gleichbedeutend der von den Potem-
kinschen Dörfern, hier anklingt. Wenn man aber das Bild
für sich sprechen läßt, nimmt die Puppe natürlich niemanden
in Dienst; eher umgekehrt: Der Mann, der »die Hand der
Puppe an Schnüren lenkt«, ist der Puppenspieler, der Herr
des Spiels; ein altes theologisches Bild übrigens für das Verhältnis von Gott und Mensch. Indem er die Puppe »bedient«,
bedient er sich ihrer. Die Theologie, die sich nicht blicken
lassen darf, verwendet die Puppe, um sich zur Erscheinung
und Wirkung zu bringen, in einer Weise, in der sie verborgen
bleibt. Sie ist da, sie wirkt, sie verfügt, aber unerkannt. Die
Auslegung des Bildes durch Benjamin tut nichts anderes, als
daß sie die im Bild entworfene Situation nachvollzieht[50]. Sie
läßt die Theologie nicht als die blicken, die verfügt, sondern
redet, als werde über sie verfügt. Sie spricht als bloße Mög-

Works. Ed. by *James A. Harrison.* New York 1965. Bd. 14. S.
6—37. vgl. *William H. Wimsatt:* Poe and the Chess-automaton,
in: American Literature Bd. 11. 1939. S. 138—151). Auch in
E. Th. A. Hoffmanns »Kater Murr« wird Kempelens Automat
erwähnt (Werke, hg. G. Ellinger, Berlin o. J., Bd. 9, S. 157).
Zu Kempelen s. *Brockhaus'* Konversationslexikon. 14. A. 1895.
Bd. 10. S. 294. Ferner: *Anton van der Linde:* Quellenstudien
zur Geschichte des Schachspiels. Berlin 1881. S. 295.
50 Hinweis meines Assistenten *Friedrich-Adolf Kittler.*

lichkeit aus, was in den »Geschichtsphilosophischen Thesen« wirklich geschieht. Im Hinweisen auf das Bild versteckt sie die Theologie aber doch so, daß sie in diesem Verstecken auch zur Erscheinung kommt, und das Wechselspiel von Verbergen und Enthüllen setzt sich von der Auslegung her in das B ld selbst fort, denn der Zwerg dort ist wiederum nicht Erscheinung dessen, was die Theologie wirklich ist, vielmehr nur dessen, was sie *bekanntlich* ist, und das ist, wie die Aussage über die Puppe, die man historischen Materialismus nennt, zwar communis opinio, aber nicht geprüfte Wahrheit: Mit »bekanntlich« setzt der erste Satz der These ein, der fälschlicherweise noch den Anschein erweckt — und das Trügliche dieses Anscheins ist durch den Konjunktiv signalisiert —, daß der Schachautomat selbst und allein seine Siege gewinnt. Die Theologie als die Puppenspielerin der Puppe ist in Wahrheit alles andere als klein und häßlich; sie erscheint unerkannt als Herrscherin. Diese Theologie, die als Ingenium den Apparat des historischen Materialismus in Bewegung setzt, *ist* der historische Materialismus, von dem in den folgenden Thesen die Rede ist — der wirkliche und wahre, der vom historischen Materialisten repräsentiert wird[51]. Er wird wirklich und wahr

51 Das Befremdliche des Bildes ist von den Auslegern wiederholt festgestellt, aber nicht weiter bedacht worden. *H. H. Holz* spricht von einem »skurrilen Gleichnis« (Philosophie als Interpretation. S. 242). *Tiedemann* nennt den Vergleich des Materialismus mit einer Puppe »enigmatisch genug« (Studien. S. 119). *Kittsteiner* bemerkt das Auseinanderklaffen von Bild und Auslegung, deckt es aber, als offensichtlich beunruhigend, sofort wieder zu: »Es ist in der ersten These nicht davon die Rede, daß nun der Zwerg die Züge der Puppe am Schnürchen lenke — obschon sich dieses Bild unvermittelt einstellt. Ausdrücklich wird die Theologie in ›Dienst‹ genommen: unter dem Zwang einer bestimmten Situation wird adäquat säkularisiertes theologisches Vokabular zum Marxismus als dessen manifest rationalem Kern noch einmal hinzugeschlagen.« (Thesen S. 245). *Kittsteiner* bemerkt nicht den Widerspruch zwischen dieser Aussage, das theologische Vokabular Benjamins in den ›Thesen‹ sei »adäquat« säkularisiert, und seiner später entwickelten Meinung, Theologie als chochaft-oktroyierte spreize sich in den ›Thesen‹ auf (Thesen S. 251).

im Denken des historischen Materialisten, als Denken des
historischen Materialisten in den Gedanken der »Geschichtsphilosophischen Thesen«.

Er ist es, der in der II. These das Beziehungsgefüge von
Vergangenheit und Erlösung und unsere Stellung in ihm zu
erörtern beginnt, und zwar mit einer Reflexion auf das Glück,
die so selbstverständlich von dessen Nichtvorhandensein ausgeht, daß sie diesen Ausgangspunkt gar nicht der Erwähnung
wert hält. Glück wird nur als vorgestelltes in die Überlegung
eingeführt, nicht als gegenwärtige oder gegenwärtig mögliche
Erfahrung. Die These konstatiert den merkwürdigen Sachverhalt, daß unsere Vorstellung vom Glück nicht an dem
gewonnen wird, was uns als Zukunft unerreichbar ist, sondern an dem, was hätte sein können, aber nicht war. Indem
die Überlegung die dritte Orientierungsrichtung unseres Bildes vom Glück — an der Gegenwart und ihren realisierten
oder nicht realisierten Möglichkeiten — überspringt, leitet sie
auf den Gedanken der Erlösung. Wäre Glück lediglich an der
Gegenwart orientiert, genügte bei seiner Abwesenheit eine
Veränderung des Gegebenen, es herbeizuführen. Weil es an
die Vergangenheit geknüpft ist, an das, was unwiderruflich
versäumt und dahin ist, schwingt in der Vorstellung
von Glück unveräußerlich die der Erlösung mit, denn Erlösung ist dadurch gekennzeichnet, daß sie die Vergangenheit
einzubeziehen mächtig ist. Sie erlöst nicht nur von dem, was
falsch *ist*, sondern auch von dem, was falsch *war*. Sie bringt
einen neuen Himmel und eine neue Erde, die das Vergangene
in sich aufheben, aber nicht Folge der Vergangenheit sind[52].
Ist aber Glück als Vergangenheit einschließende Erlösung bestimmt, so ist damit auch Vergangenheit als zu erlösende
bezeichnet. Geschichtsschreibung hat sie auf das in ihr versäumte Glück hin zu erfassen, wie umgekehrt die gewesenen

---

52 In *Theodor W. Adornos* ›Negativer Dialektik‹ (Wissensch. Sonderausgabe. 1970. S. 393) findet sich eine vergleichbare Vorstellung von »einer Verfassung der Welt, in der nicht nur bestehendes Leid abgeschafft, sondern noch das unwiderruflich vergangene widerrufen wäre«.

Geschlechter auf das je gegenwärtige in geheimer Verabredung blicken, nicht mit Neid aufs ihnen unerreichbare und unvorstellbare Glück der Zukünftigen, sondern in Hoffnung auf Entbindung des ihnen möglich gewesenen Glücks[53]. Wir sind auf der Erde erwartet worden, wie der Messias erwartet wird, denn uns ist, wie jedem Geschlecht, das vor uns da war, eine *schwache* messianische Kraft mitgegeben. Die III. These erläutert den Erlösungsbegriff in dem Begriffsrahmen, den die II. These abgesteckt hat, allerdings in Umkehrung der Blickrichtung. Erwartet die Vergangenheit die Erlösung, so fällt erst der erlösten Menschheit ihre Vergangenheit vollauf zu, in jedem ihrer gelebten Augenblicke, großen und kleinen. Der Chronist, der, im Unterschied zum wertenden, auswählenden, verknüpfenden Historiker, die Begebenheiten einfach chronologisch hinerzählt, antizipiert damit einen Aspekt der erlösten Geschichte. Die Menschheit hat also Geschichte nach Maßgabe ihrer Erlöstheit. Sie ist nicht einfach als Gegebenheit da, fällt nicht nur vor, sondern auch zu und verändert sich im Zufallen.

Das geschieht in einem Zusammenhang mit dem Klassenkampf. Indem sie von ihm spricht, führt die IV. These einen marxistischen Schlüsselbegriff ein. Die Art des Zusammenhangs ist allerdings nur in dem Hegelschen Motto berührt: »Trachtet am ersten nach Nahrung und Kleidung, dann wird euch das Reich Gottes von selbst zufallen.« Hegels Satz bringt Handeln und Empfangen dergestalt zusammen, daß dem Handelnden etwas in Aussicht gestellt wird, was jenseits des Handelns und seiner Zielsetzung liegt: Dem, der nach Nahrung und Kleidung trachtet, wird das Reich Gottes zufallen.

---

53 *Kittsteiner* nimmt (Thesen. S. 246) fälschlich eine Falsifizierung des Satzes von Lotze durch den Fortgang der These an, »da er, Ausdruck eines Bürgertums, das auf veränderte Zukunft nicht mehr baute, ein Hier und Jetzt annehmen muß, das es gestattet, sich glückhaft einzupassen«. Daß wir auf Erden erwartet worden sind, hebt aber keineswegs den Sachverhalt auf, daß sich unsere Vorstellung vom Glück am Versäumten orientiert. Die Erwartung richtet sich eben auf zukünftige Erlösung versäumten Glücks.

Der Mensch ist als Kämpfer im Klassenkampf Subjekt der
Geschichte, aber Objekt der Erlösung, in der Geschichte untergeht. Er ist Träger einer messianischen Kraft, weil sein Trachten nach Nahrung und Kleidung Voraussetzung für das Zufallen des Gottesreiches ist. Praxis muß stattfinden, ehe das
eintreffen kann, was jenseits der Praxis ist. Der Mensch ist
Träger einer *schwachen* messianischen Kraft, weil Praxis wohl
Voraussetzung, aber nicht Ursache für das Erscheinen des
Gottesreiches ist. Es wird vom Menschen ermöglicht, aber
nicht herbeigeführt. Der Terminus vom Zufallen des Gottesreiches korrespondiert mit der Rede vom Zufallen der Geschichte an die erlöste Menschheit in der III. These; er wird
aufgenommen und variiert im Sprechen von den Siegen, die
den Herrschenden jemals zugefallen sind, die aber nur vor-
läufig als solche gelten können; ferner in der Rede von den
»feinen und spirituellen Dingen«, die es ohne die »rohen
und materiellen«, um die der Klassenkampf geführt wird,
nicht gäbe, die aber trotzdem im Klassenkampf »anders zugegen« sind »denn als die Vorstellung einer Beute, die an
den Sieger fällt«. Das Reich Gottes wird nicht zufallen, wie
den Herrschenden ihre Siege, eben weil es nicht, wie ein Sieg,
aus eigener Kraft allein errungen werden kann; es wird nicht
als Beute zufallen, vielmehr in anderer, von den feinen und
spirituellen Dingen in ihrem Verhältnis zu den rohen und
materiellen vorgezeichneten Weise: Wie es ohne die rohen
und materiellen Dinge keine spirituellen gibt, so ohne Klassenkampf kein Reich Gottes; wie die feinen und spirituellen
Dinge als etwas Lebendiges, als Kraft einer Erwartung der
Kämpfer gemäß und zugewandt sind, so das Reich Gottes.
Daß diese Dinge schon bei während Klassenkampf als
Unterstützung zugegen sind, meint allerdings nicht, daß auch
das Reich Gottes jetzt schon im Erscheinen wäre; es heißt
lediglich, daß ein Wissen vom Messianischen und seinem
Verhältnis zum Klassenkampf vorhanden ist, das im Klassenkampf hilft. Dieses Wissen ist, wie die II. These gesagt hat,
dem historischen Materialisten gegeben, und das ist eine
andere Hinsicht, in der die Menschheit Träger einer schwachen

messianischen Kraft ist: indirekt ist sie es als kämpfende im
Klassenkampf, direkt im Wissen vom Reich Gottes, das Mut
im Kampf gibt, aber dieses doch nicht selbst verwirklichen
kann. Dem historischen Materialisten ist das Wissen gegeben,
weil er es begriffen hat — und darin ist das Verhalten der
feinen und spirituellen Dinge bei währendem Klassenkampf
auch wieder unterschieden von der Art und Weise, wie das
Gottesreich zufallen wird: Das Gottesreich wird zufallend
empfangen; die feinen und spirituellen Dinge müssen bei
währendem Klassenkampf, als zuhandene ergriffen werden.
So auch das Wissen vom Zufallen des Messianischen. Indem
aber in der IV. These die Herrschenden als Gegner im
Klassenkampf erscheinen, wird die Aussage der II. These über
den Träger der schwachen messianischen Kraft präzisiert:
Sie ist zwar jedem Geschlecht mitgegeben und somit eine
Gabe der Menschheit, aber sie wird verwaltet und angewen-
det von den Gegnern der Herrschenden, den im Klassenkampf
kämpfenden Unterdrückten: sie sind die Repräsentanten der
Menschheit, die legitimen Erben der Geschichte, denen sie ihr
wirkliches Wesen zukehrt.

An diesem Punkt wird die IV. These auch zur Rede über
den Historiker: Spricht sie von den feinen und spirituellen
Dingen als von Gegenständen und Energien, so ist das in
doppelter Weise doppelseitig. Als Kräfte wirken die feinen
und spirituellen Dinge »in die Ferne der Zeit zurück. Sie
werden immer von neuem jeden Sieg, der den Herrschenden
jemals zugefallen ist, in Frage stellen«. Diesem Infragestellen
aus der Gegenwart antwortet die Vergangenheit in der un-
scheinbarsten aller Veränderungen, von Benjamin dem Heliotropismus der Blumen verglichen. Das Gewesene strebt »*der*
Sonne sich zuzuwenden, die am Himmel der Geschichte im
Aufgehen ist[54]«. Könnte das auch die Sonne der Herrschen-

---

54 In dem Aufsatz »Eduard Fuchs, der Sammler und Historiker«
   wird noch deutlicher als in den »Thesen«, daß die Vorstellung
   dieses Heliotropismus an der Kunst- und Kulturgeschichte gewonnen ist, nämlich an der Rezeption der Werke und Texte. In
   dem Maße, in dem *Benjamin* Geschichte, ja Welt überhaupt, als

den, der vorläufigen Sieger sein? Wohl kaum. Einmal spricht der Satzanschluß dagegen, denn der vorhergehende Satz spricht von den feinen und spirituellen Dingen als Helfern im Kampf gegen die Herrschenden. Zum andern zeigen die VI. und VII. These die Geschichte in der Hand der Herrschenden als Beute und Werkzeug. Vor allem aber: *die* Sonne, der sich das Gewesene zuzuwenden strebt, ist die *Sonne*, die Leben bringt. In der Sonnenmetapher verschmelzen uralte religiöse Messiassymbolik[55] mit weltlicher Symbolik der Aufklärung und der kämpfenden Arbeiterklasse: »Brüder, zur Sonne, zur Freiheit!« Sich der Gegenwart zuwendend, werden die Dinge der Vergangenheit aber auch ihrerseits zu solchen Kräften, wie die es sind, die sich auf die Vergangenheit richten. Der Ort dieses Wechselspiels, sein Bewußtsein, ist der Historiker, »der an Marx geschult ist«. In der ersten Zeile der These erscheint er als Betrachter des Klassenkampfes, nun aber als der, welcher sich auf »diese unscheinbarste von allen Veränderungen«, die Hinwendung des Gewesenen zu der am Himmel der Geschichte aufgehenden Sonne versteht, damit als Träger der Kraft der spirituellen Dinge im Klassenkampf.

Das Zufallen der Vergangenheit an die Gegenwart im Infragestellen der Siege der Herrschenden läßt sich mit Theodor W. Adornos Dictum über die negative Dialektik vergleichen: »Womit negative Dialektik ihre verhärteten Gegenstände durchdringt, ist die Möglichkeit, um die ihre Wirklichkeit

Text denkt, der zu lesen ist, ist ihm das Modell der Rezeptionsgeschichte auf die allgemeine Geschichte übertragbar. So sagt *Benjamin* in den Notizen zur Passagenarbeit, er wolle »das Buch des Geschehenen« aufschlagen, die »Wirklichkeit des neunzehnten Jahrhunderts« »wie einen Text lesen« (aus dem Mskr. zit. Tiedemann: Studien. S. 131). Vgl. a. die Äußerung in der »Einbahnstraße« (Schriften. Bd. I. S. 575): »Wie ultraviolette Strahlen zeigt Erinnerung im Buch des Lebens jedem eine Schrift, die unsichtbar, als Prophetie, den Text glossierte.«
55 *Benjamin* spricht im »Ursprung des deutschen Trauerspiels« von der »Gnadensonne«. (Schriften. Bd. I. S. 252).

betrogen hat und die doch aus einem jeden blickt[56].« Die in
der II. These eingeführte, in der IV. entwickelte Vorstellung
einer zufallenden Geschichte, die Sinn nicht hat, sondern bekommen muß, ist — pointiert am Ort einer Hegel-Berufung
des Historikers, »der an Marx geschult ist« — bei Benjamin
wie bei Adorno entschieden unmarxistisch, und hier ist auch
einer der Punkte energischer Polemik Adornos gegen die
»Vergottung der Geschichte« bei Marx und Hegel, die das
Unausweichliche zum metaphysisch Sinnvollen hochstilisie-
ren[57]. Dieselbe Polemik wird bei Benjamin hier und im folgenden indirekt geführt. Der grundlegende Unterschied der
»Geschichtsphilosphischen Thesen« Benjamins zu Adorno liegt
allerdings darin, daß Adornos negativ-dialektische Geschichts-
interpretation sich als letztmögliche Form von Praxis versteht,
wogegen bei Benjamin der Historiker als Mitwirkender der
Praxis des Klassenkampfes und von ihm getragen erscheint.
Gerade in die IV. These bringt Benjamin, wenn auch in sehr
eigenwilliger Formulierung, die klassische marxistische Lehre
von der Bedingung des ideellen Überbaus durch die ökonomische Basis bei Rückwirkung des Überbaus auf die Basis
ein — zugleich mit einer Hoffnung in den Klassenkampf, die
bei Adorno verloschen ist[58].

56 *Th. W. Adorno*, Negative Dialektik, S. 60.
57 Vgl. ebd., S. 313.
58 *Tiedemann* gibt (Studien, S. 103) »die Theorie, gar die kultur-
politische Praxis der offiziellen Nachtreter materialistischer Dialektik« zumindest unkorrekt wieder, wenn er im Blick auf *Benjamins* IV. These sagt, das Verhältnis von Überbau und Basis
sei bei ihnen »durch Dynamik dort und Statik hier schon zu-
länglich bestimmt«. Es kann auch nicht behauptet werden, Benjamin verweigere hier »dem Marxschen Theorem die Gefolg-
schaft, daß der Überbau, die Sphäre des absoluten Geistes, lang-
samer sich umwälze als ihr ökonomisch-sozialer Unterbau«.
Benjamin bekennt sich im Vorwort der Abhandlung »Das
Kunstwerk im Zeitalter seiner technischen Reproduzierbarkeit«
ausdrücklich zu diesem Marxschen Theorem. Allerdings werden
die Fundamente der Basis-Überbau-Lehre bei *Benjamin* dadurch
angegriffen, daß er zwar den Untergang des Kapitalismus nach
sozio-ökonomischen Gesetzen sich vollziehen läßt, den Sieg des

Die V. These spricht erstmals ausführlicher von den Bedingungen, unter denen der Historiker steht. Sie werden in der Historismuskritik faßbar, die untergründig schon in der Einführung der Erlösungskategorie eingesetzt hat, ebenso wie insgeheim die Historismuskritik auch Hegel- und Marx-Kritik bleibt: Weder für den Historismus noch für Marx und Hegel ist die Geschichte erlösungsbedürftig; für Marx und Hegel nicht, weil ihnen der Geschichtsprozeß auf eine immanente Vollendung notwendig zuschreitet, auf die hin gesehen jedes Moment dieses Prozesses gerechtfertigt ist[59]; für den Histo-

Sozialismus aber von den Entscheidungen der kämpfenden unterdrückten Klasse abhängig macht (s. S. 225 der vorliegenden Abhandlung), die nicht objektiv nach sozio-ökonomischen Kriterien bestimmt wird, sondern nach dem Verhalten und dem Bewußtseinsstand (s. S. 235 der 'vorl. Abh.) Dokument der Aushöhlung der Basis-Überbau-Theorie ist die bei *Tiedemann* (Studien S. 106) zitierte Äußerung aus der Passagen-Arbeit: »Der Überbau ist der Ausdruck des Unterbaus. Die ökonomischen Bedingungen, unter denen die Gesellschaft existiert, kommen im Überbau zum Ausdruck.« Eine unzulässige Annäherung *Benjamins* an *Adorno* ist es, wenn *Tiedemann* S. 103 interpretiert: »Die sogenannten Kulturgüter fallen zwar als ›Beute (...) an den Sieger‹, doch entzieht solche Beute sich dem Gebrauch, sie entfliegt dem Materiellen, um ›als Zuversicht, als Mut, als Humor, als List, als Unentwegtheit‹ auf die andere Seite, die Seite dessen überzugehen, was wahrhaft das Andere wäre.« Die Überlieferung gehört nicht dem wahrhaft Anderen Adornos, sondern der kämpfenden unterdrückten Klasse zu; sie geht, als Beute an die Herrschenden gefallen, nicht zum Anderen über, sondern bleibt deren Beute, solange die kämpfenden Unterdrückten sie nicht ergreifen. Sie ist den Herrschenden Beute und Werkzeug, den Unterdrückten, von ihnen gewonnen, Kraft.

59 Typisch dafür ist Marxens Äußerung angesichts der Klassenkämpfe in Frankreich: »Nicht in seinen unmittelbaren tragikomischen Errungenschaften brach sich der revolutionäre Fortschritt Bahn, sondern umgekehrt in der Erzeugung einer geschlossenen, mächtigen Konterrevolution, in der' Erzeugung eines Gegners, durch dessen Bekämpfung erst die Umsturzpartei zu einer wirklich revolutionären Partei heranreifte.« (*Karl Marx. Friedrich Engels*, Werke. hg. v. Institut für Marxismus-Leninismus beim ZK der SED, Bd. 7, Berlin 1969, S. 11. Aus: K. M., Die Klassenkämpfe in Frankreich 1848—1850).

rismus nicht, weil ihm, wie Ranke gesagt hat, jede Epoche unmittelbar zu Gott ist. Gott muß nicht erst kommen, er ist schon da; die volle Erscheinung Gottes vollzieht sich im Gesamt des Gestaltenwandels der Geschichte[60]. Weder Erlösung noch Vollendung der Geschichte sind vonnöten. Sowohl Marx wie Hegel wie der Historismus haben die ganze Geschichte, und das Dictum Kellers: »Die Wahrheit wird uns nicht davonlaufen«, von Benjamin auf den Historismus bezogen, gilt auch für Marx und Hegel. Marx und Hegel haben die Wahrheit ganz im Vorgriff auf die Vollendung der Geschichte, der Historismus hat sie nach Maßgabe der unendlichen Ausfaltung Gottes in dem unaufhörlichen Gang der Geschichte. Auch Benjamin denkt einen Status, in dem die Wahrheit uns nicht davonläuft: es ist der einer erlösten Menschheit, der ihre Geschichte vollauf zugefallen ist. Da Erlösung aber wohl als Möglichkeit gewußt und erwartet, doch nicht vorhergesehen werden kann, ist bis dahin jeder Geschichtsaugenblick einzig — nicht als Moment aufgehoben in einem Vollendungsgang; einzig allerdings auch nicht im Sinne des Historismus, als individuelle, in sich gerechtfertigte Gestalt, vielmehr als verspielbare Chance im Kampf, ohne den Erlösung nicht zufallen, Vergangenheit nicht gerettet werden kann. In diesem Geschichtsaugenblick können immer nur Momente der Geschichte ins Licht der Erlösung treten, unwiederbringlich wie der Erkenntnismoment selbst. In der Folge der Momente findet nicht nur eine Geschichte, sondern eine Geschichte der Geschichte statt. Auch darin ist die messianische Kraft der jeweils Lebenden schwach, daß sie im Historiker die Geschichte immer nur momenthaft erreicht, wobei dieser angewiesen bleibt auf die Bereitschaft der Gegenwart, den Anspruch der Vergangenheit zu empfangen. Die Zeit muß nicht nur da sein, sie muß bereit sein; das ist die andere Bedin-

60 Vgl. *C. Hinrichs*, Ranke und die Geschichtstheologie der Goethezeit. 1954. *Tiedemann* (Studien. S. 113) verallgemeinert deshalb unzulässig, wenn er der Geschichtsschreibung »jegliches Allgemeine überhaupt« zergehen sieht. Das trifft nicht auf den Historismus Rankes zu.

gung der Wirksamkeit des Historikers, in der vorhergehenden These konkretisiert im Einbezug des Geschichtsverhältnisses in den Klassenkampf. » ... es ist ein unwiederbringliches Bild der Vergangenheit, das mit jeder Gegenwart zu entschwinden droht, die sich nicht als in ihm gemeint erkannte. (Die frohe Botschaft, die der Historiker der Vergangenheit mit fliegenden Pulsen bringt, kommt aus einem Munde, der vielleicht schon im Augenblick, da er sich auftut, ins Leere spricht)« — denn es genügt nicht, daß er für sich allein das mit dem Augenblick der Erkenntnischance vorüberhuschende Bild der Wahrheit faßt.

Dieses Bild als momenthaft greifbares Moment der Geschichte bleibt, ergriffen, noch in sich selber momenthaft. »Nur als Bild, das auf Nimmerwiedersehen im Augenblick seiner Erkennbarkeit eben aufblitzt, ist die Vergangenheit festzuhalten.« Es ist dem Bild der Geschichte sein Blitzhaftes eingezeichnet, seine Unwiederbringlichkeit, damit sein Appellcharakter: Erkenntnis muß Betroffenheit sein und Entscheidung zum Zugriff. Das Bild ist, als festgehaltenes, Blitz. Was das bedeutet, zeigt sich an der Überschärfe und Sprengkraft von Benjamins historischen Bildern, wie sie etwa in den »Thesen« aufscheinen, so wie die »Thesen« gleichfalls das Augenblickshafte, Absetzende historischer Erkenntnis nicht nur postulieren, sondern auch präsentieren. Der Polemiker gegen Goethes Symbole, die ihren Sinn in ihrem in sich ruhenden Sein tragen, spricht in Emblemen und Allegorien, in kryptisch sich in sich selbst verriegelnden Sätzen, aus denen der Sinn in jäher Dissoziation vom Sinnlichen der Bilder herausfährt. Der historische Materialismus Benjamins durchschlägt mit diesen Blitzen das Geschichtsbild des Historismus, dem die Vergangenheit ein gegebener Sachverhalt ist, und dieser Schlag ist vorweisend auf die Vorstellung der Sprengung des historischen Kontinuums an späterer Stelle der Thesen. Der historische Materialismus Benjamins durchschlägt an dieser Stelle aber auch die Philosophie Hegels sowie den historischen Materialismus von Karl Marx.

Die VI. und VII. These führen die Auseinandersetzung

mit dem Historismus fort, und zwar als dem klassischen Historismus, wie er in Rankes Postulat an den Historiker formuliert ist, zu erkennen, wie es denn eigentlich gewesen ist, wogegen der moderne Historismus, der auf der Forderung nach Einsicht in die Perspektivik und Standortgebundenheit historischer Erkenntnis beruht, nicht in den Blick tritt. Doch auch dieser moderne Historismus, wie er sich seit Dilthey bis zu Hans-Georg Gadamer ausformuliert hat, ist von Benjamins Konzeption prinzipiell geschieden, selbst wenn in der Vorstellung eines unabschließbaren geschichtlichen Auslegungsprozesses der Geschichte, in dessen Verlauf mit dem historischen Wechsel der Erkenntnisperspektiven immer neue Wahrheitsgehalte des Erkenntnisgegenstandes frei werden, eine gewisse Verwandtschaft mit Benjamins Idee der vorüberhuschenden Bilder der Geschichte vorzuliegen scheint. Dieser Schein trügt, denn auch der moderne Historismus nimmt nicht eine sich wandelnde, ja, mithandelnde Geschichte an, ganz abgesehen von der Fremdheit, mit der er, dem die theologischen Prämissen des Rankeschen Historismus fremd geworden sind, einer Kategorie Erlösung der Geschichte gegenüberstehen muß. Vor allem aber versteht auch der moderne Historismus die Einsicht in die Parteilichkeit des historischen Erkennens als Mittel zur Überwindung der Parteilichkeit, wogegen es dem historischen Materialisten gerade um Parteilichkeit und um Rettung der Geschichte und seiner selbst durch Parteilichkeit im Augenblick der Gefahr geht. Wieder erscheint in der VI. These das Bild des Blitzes; nun in der psychologischen Wendung der im Augenblick einer Gefahr aufblitzenden Erinnerung. Benjamin kann die dauernde Gefahr des Verfallens an den Konformismus augenblickshaft nennen, weil sie im Verlauf der Geschichte ununterbrochen neue Gestalten annimmt, zu denen ununterbrochen wechselnde Erkenntnismöglichkeiten gehören. Damit wird das Bedrohliche der Klassenkampfsituation auch als erkenntnisfördernd bestimmt. Während die V. These die Möglichkeit der *Versäumnis* von Erkenntnis im entschwindenden Geschichtsaugenblick betont, betont die VI. These die *Chance* des Augenblicks, die in seiner Gefahr liegt — am schärfsten im Schlußsatz der These: »Nur dem Geschichtsschreiber wohnt die Gabe bei, dem Vergangenen den Funken der Hoffnung anzufachen, der davon durchdrungen ist: *auch die Toten* werden vor dem Feind, wenn er siegt, nicht sicher sein. Und dieser Feind hat zu siegen nicht aufgehört.« Im Anschluß an eine Aussage über den Messias verweist die Drohung für die Toten auf den Inhalt der messianischen Hoffnung, die der Historiker anfacht: Auferstehung der Toten, Auferstehung der Geschichte. Indem Vergangenheit bei Benjamin von der Gegenwart her greifbar, als lebendig und sich wandelnd gedacht wird, wird auch der Aspekt der Korrumpierung und Zerstörung ihres eigentlichen Wesens und Bestrebens, wie er in der IV. These formuliert ist, mitgedacht. Nicht erweckt, gibt sich die versäumte Geschichte zum Werkzeug der Herrschenden her, so wie die legitimen Empfänger der Geschichte im Verzicht auf sie zu Werkzeugen der Herrschenden werden. Wieder tritt, und hier am weitesten herausgetrieben, mit der Bestimmung des Messias als Erlöser und zugleich Überwinder des Antichrist, das Kämpferische der Benjaminschen Geschichtsphilosophie hervor, mit dem Hinweis auf die weiter stattfindenden Siege des Feindes ihre Offenheit. Das eschatologische Modell vom Kampf des Messias gegen den Antichrist ist die exakte Bezeichnung dessen, was Benjamins Geschichtsphilosophie vom hegelisch-marxistischen Prozeßdenken entfernt und ihn dem eschatologischen Denken der jüdisch-christlichen Tradition annähert. Hier ist Geschichte ein Handeln Gottes mit dem mithandelnden Menschen, dessen siegreiches Ende zwar kraft Verheißung feststeht, aber nicht im Prozeß angelegt, sondern von Gott frei gesetzt und herbeigeführt ist. Kein Ziel der Geschichte wird erreicht, sondern das Ende der Geschichte bricht herein[61]. Dabei ist das Eschaton dadurch gekennzeichnet, daß in ihm, vor dem Sieg des

---

61 Man kann nicht, wie *Kittsteiner* es tut, sagen, das messianische Reich bei Benjamin sei »zutiefst ahistorisch« (Thesen. S. 245); es ist als Ende der Geschichte Aufhebung der Geschichte, also metahistorisch.

Messias, noch einmal dem Antichrist größte Macht gegeben wird. Dem eschatologischen Denken wohnt deshalb, statt Dialektik, die Paradoxie des: je schlimmer, um so besser — inne, deren Spuren sich auch in den »Thesen« zeigen. An die Stelle des Modells von Verheißung und Erfüllung tritt bei Benjamin — korrespondierend dem nur indirekten Bezug von Klassenkampf und Messianischem aufeinander, der den Eingriff Gottes an Voraussetzungen bindet —, die Vorstellung von Möglichkeit, aber nicht Gewißheit der Erlösung. Dem eschatologischen Zug von Benjamins Denken entspricht, daß mit dem auf immanente Vollendung zielenden Prozeßcharakter der Geschichte auch die objektive gesetzmäßige Bestimmtheit der Arbeiterklasse zur Vollendung der Geschichte dahinfällt, wie sie bei Marx besteht. Das eine ist ja bei Marx im anderen begründet. Bei Benjamin aber ist der Mensch nicht nur nicht Subjekt der Erlösung; die Arbeiterklasse verliert auch ihre marxistische Siegesgarantie. Beide Momente sind angesprochen in Benjamins Vorwurf an die Sozialdemokratie, den die XII. These erhebt: »Sie gefiel sich darin, der Arbeiterklasse die Rolle einer Erlöserin künftiger Generationen zuzuspielen.« Es entsteht so ein merkwürdiger Kompromiß zwischen Eschatologie und geschichtsgesetzlichem Denken des Marxismus, indem zwar die Katastrophe des Kapitalismus mit gesetzlicher Notwendigkeit heraufziehen wird, nicht aber der Sieg des Sozialismus. Er ist an das richtige Verhalten der unterdrückten Klasse im Klassenkampf gebunden, ohne das es zur Weltkatastrophe kommen muß[62]. Aus der Situation

---

62 Vgl. *W. B.*, Schriften, Bd. I, S. 554: »Die Vorstellung vom Klassenkampf kann irreführen. Es handelt sich in ihm nicht um eine Kraftprobe, in der die Frage: wer siegt, wer unterliegt? entschieden würde, nicht um Ringen, nach dessen Ausgang es dem Sieger gut, dem Unterlegenen aber schlecht gehen wird. So denken, heißt die Fakten romantisch vertuschen. Denn mag die Bourgeoisie im Kampfe siegen oder unterliegen, sie bleibt zum Untergange durch die inneren Widersprüche, die ihr im Laufe der Entwicklung tödlich werden, verurteilt. Die Frage ist nur, ob sie an sich selber oder durch das Proletariat zugrunde geht. Bestand oder das Ende einer dreitausendjährigen Kulturent-

der Möglichkeit von Erlösung, deren Chancen mit der zunehmenden Gefahr nicht nur geringer werden, sondern in
paradoxer Weise auch größer, sprechen die »Thesen«. Sie
sprechen nicht, wie Hegel oder Marx, das Gesetz des Wirklichen, vielmehr die Möglichkeit des weltimmanent Unmög-
lichen aus. Der Hinweis auf die Hoffnung Benjamins in den
Klassenkampf anläßlich der Interpretation der IV. These muß
von hier aus präzisiert werden: Seine Hoffnung ist verzweifelte Hoffnung als Hoffnung aus Verzweiflung, die aber, im
Sinne der V. These, eine weitertragende Hoffnung ist als
andere Hoffnungen. Insofern hat Theodor W. Adorno recht
und unrecht, wenn er von Benjamins »jüdische[m] Wissen
um die Permanenz von Drohung und Katastrophe« spricht[63].
Benjamin ist nicht nur von Marx und Hegel, sondern auch
von Adornos Vision der in mythische Immergleichheit ge-
bannten Geschichte geschieden. Sie ist ihm unentschiedener,
ja, immer wieder verlorener Kampf.

Die VII. These weitet das Theologische des Gesamtansatzes
aus, indem sie auch den Historismus unter eine theologische
Deutungskategorie bringt. Das Verfahren der Einfühlung,
charakterisiert durch ein Postulat des Sorbonne-Historikers
Fustel de Coulanges (1830–1889), der Historiker solle, wolle
er eine Epoche nacherleben, »alles, was er vom späteren Verlauf der Geschichte wisse, sich aus dem Kopf schlagen«, wird
unter den Vorwurf der acedia gestellt: einer der sieben Haupt-
sünden der katholischen Moraltheologie. Sie ist geistliche
Trägheit, verdrossene Gleichgültigkeit gegenüber Gott und
der zu ihm führenden Askese, eine geistliche Gefährdung
vor allem des Mönchtums, geistliche Vorläuferin des Welt-
schmerzes, der Melancholie. Einfühlung überläßt Geschichte

wicklung werden durch die Antwort darauf entschieden.«
(›Feuermelder‹). In den Passagen-Manuskripten heißt es allerdings: »Die Erfahrung unserer Generation: daß der Kapitalismus keines natürlichen Todes sterben wird.« (Aus dem MS. zitiert in *W. B.*, Charles Baudelaire, Nachwort von Tiedemann S.
191.)
63 *W. B.*, Schriften, Bd. 1, Einleitung S. XXIII.

sich selbst, indem sie den Gegenwartsbezug abschneidet, dem aufblitzenden Bild der Wahrheit, das in Bedrohung und Chance des Moments erscheint, nicht nachjagt. Sie ist acedia, weil sie nicht an die messianische Kraft glaubt, nicht der Vergangenheit die frohe Botschaft der Auferstehung zu bringen unternimmt, vielmehr ins Grab der toten Geschichte selbst hinabsteigt, um unter deren Schatten zu wandeln. Geschichte einem Scheinleben des Bei-sich-Seins überlassend, überläßt sie diese in Wirklichkeit den Herrschenden als Beute, die alle Sieger der Geschichte beerbt haben, womit zugleich gesagt ist, daß bis heute letzten Endes immer die Herrschenden gesiegt haben. Einfühlung ist Einfühlung in die Sieger, die das Geschehene als das Notwendige und Gerechtfertigte nimmt, damit als Legitimation der heute Herrschenden, statt dem gewesenen Möglichen, den Ausbruchstellen der Geschichte nachzufragen. Acedia ist die Gefahr, von der die VI. These spricht. Noch deutlicher als bisher wird gesagt, daß Vergangenes von dem seinen Charakter erhält, der es ergreift: Was Kraft sein kann, kehrt als Beute im Triumphzug der Herrschenden, welcher die von ihnen in Anspruch genommene Kontinuität geschichtlichen Sinns repräsentiert, als sogenanntes Kulturgut sein Totengesicht nach vorn. »Es ist niemals ein Dokument der Kultur, ohne zugleich ein solches der Barbarei zu sein.« Der historische Materialist kehrt demgemäß diesen Aspekt vor, wo er die Tradition als Beute der Herrschenden erblickt. »Er betrachtet es als seine Aufgabe, die Geschichte gegen den Strich zu bürsten.« Er bricht aus dem Kontinuum aus, das für ihn ein schlechtes Kontinuum ist, indem es die Geschichte prozeßhaft auf die Herrschenden der Gegenwart hin stilisiert und sie ihnen damit übereignet. Er reiht sich nicht in den Triumphzug ein; er sieht ihn durch das Jammertal der Geschichte ziehen: Im Munde Brechts, der als Motto der These zitiert wird, ist die biblische Aussage historisch-materialistisch gebrochen, von Benjamin aber gegenläufig zugleich in den theologischen Bezug seines historischen Materialismus zurückgebracht. Im Spannungsgefüge der Zitation der Bibelzitation durch Brecht zeigt sich am Ende der ersten Thesengruppe noch einmal in nuce die Spannung dieser Thesen.

Mit der VIII. These treten die Erörterungen in den Zusammenhang der Fortschrittsthematik ein, die im Bild des Triumphzugs der Sieger schon präludiert ist, und in die Auseinandersetzung mit den politischen Hauptrichtungen der Zeit. Dabei wird der Faschismus nicht frontal angegangen, sondern über seine ohnmächtigen Gegner, die diesen Sieg ermöglichten, und zwar im Namen der falschen Fortschrittskonzeption, die Geschichte als Kontinuum von Sinn nimmt. Ihr ist der Faschismus ein Ausnahmezustand, ein Betriebsunfall auf dem Weg des Fortschritts[64]. Demgegenüber ist für Benjamin der Faschismus die Widerlegung der Fortschrittskonzeption, Offenlegung der Wahrheit der Geschichte als einer krisenhaft sich zuspitzenden Geschichte von Gewalt und Unterdrückung. Herbeizuführen ist für Benjamin der wahre Ausnahmezustand der Geschichte, dem falschen des Faschismus diametral entgegengesetzt, nämlich Ausnahmezustand von Geschichte als einem Unrechts- und Verblendungszusammenhang. Es ist der Ausnahmezustand, dem Erlösung zufällt.

Die IX. These Benjamins bringt Begriff und Kritik des Fortschritts in das zentrale Bild vom Angelus Novus ein. Die bereits in der II. These konstatierte Spannung zwischen Bild und Auslegung ist hier noch um ein Bezugsglied reicher. Dort geht es darum, was das Bild unmittelbar sagt und was die Aussage über es sagt. Hier geht es um die Nicht-Identität der Wahrnehmungen, die »wir« machen, die der Engel macht und dessen, was das Bild realiter sagt. »Das, was wir den Fortschritt nennen«, ist der Sturm, der den Engel der Geschichte vom Paradies wegweht. Er weht vom Paradies her von ihm weg: als die Verkehrung der wahren Hoffnung, die

64 Davon, daß das faschistische System den Ausnahmezustand feiert, wie *Kittsteiner* assoziiert (Thesen. S. 246), ist bei *Benjamin* nicht die Rede. Immerhin ist der polemische Bezug auf Carl Schmitts Staatsauffassung deutlich. Zu Schmitts Begriff des Ausnahmezustandes s. *Peter Schneider:* Ausnahmezustand und Norm. Eine Studie zur Rechtslehre von Carl Schmitt. 1957.

im Paradiese liegt. Damit ist alles über die Fortschrittskonzeption gesagt: »Wo eine Kette von Begebenheiten vor uns
erscheint, da sieht er eine einzige Katastrophe.« Die Fortschrittskonzeption, unsere Fortschrittskonzeption, ist falsch
als eine der Kontinuität der Geschichte, dargestellt im Bild
der Kette. Der Engel, der rückblickend eine einzige Katastrophe sieht, sieht richtiger, aber sieht er alles? Er sieht richtiger, denn Katastrophisches liegt schon darin, daß er vom
Paradies weggeweht wird; das Katastrophische wird noch
deutlicher, wenn der von Benjamin hergestellte Bezug von
Angelus Novus und Engel der Geschichte aufgenommen wird.
Über ein Aquarell von Paul Klee mit dem Titel »Angelus
Novus«, das Benjamin besaß und liebte, und über das Motto
der These, eine Strophe des Gedichts »Gruß vom Angelus«
von Gershom Scholem, knüpft Benjamin den Engel der Geschichte an eine talmudische Legende an, die er in der Ankündigung der von ihm geplanten Zeitschrift »Angelus Novus«
so zitiert, daß »die Engel — neue jeden Augenblick in unzähligen Scharen — geschaffen (werden), um, nachdem sie
vor Gott ihren Hymnus gesungen, aufzuhören und in Nichts
zu vergehen[65]«. Der Engel der Geschichte ist also nicht einfach Allegorie der Geschichte im Sinne ihres Inbegriffs, denn
er kommt von außerhalb der Geschichte: aus dem Paradies,
von Gott. Auch Scholems Angelus ist von Gott entfernt; er
spricht im Irrealis seine Sehnsucht zur Rückkehr aus, im
Konditionalis seinen Unglauben, in der lebendigen Zeit viel
Glück zu haben, wobei offen bleibt, ob wenig Glück im
Sehen, wenig Glück im Verkündigen oder wenig Glück im
Erleben, da auch für ihn die Vorstellung vom Glück, wie die
II. These ausführt, sich an dem bildet, was hätte sein können:
Sein bei Gott, ja, weil letzten Endes seine Sehnsucht gar
nicht auf Glück geht, sondern, wie die Legende sagt, auf
Untergehen. Benjamins Engel der Geschichte aber hat nicht

---

65 *W. B.*, Angelus Novus. Ausgewählte Schriften, Bd. 2, S. 374. Das
Gedicht Scholems ist abgedruckt in: *W. B.*, Briefe, hg. u. mit An-
merkungen versehen von *Gershom Scholem* und *Theodor W.
Adorno*, 2 Bde. Frankfurt 1966, Bd. 1, S. 269.

mehr, wie Scholems Angelus, den Flügel zum Schwung bereit; seine Flügel sind vielmehr vom Sturm, der ihn hinführt,
wohin er nicht will, so aufgeblasen, daß sie sich nicht mehr
schließen können. Er grüßt nicht, er ist stumm. Er ist nicht
in lebendige Zeit verschlagen, sondern ins Leichenfeld der
Geschichte. Er ist so weit vom Paradies entfernt, daß sein der
Vergangenheit zugewendetes, also in Richtung zum Paradies
gekehrtes Antlitz nicht dieses sieht, sondern eine einzige
Katastrophe, einen zum Himmel wachsenden Trümmerhaufen. Er möchte verweilen, denn er möchte Geschichte nicht
fortsetzen, er möchte erlösen. Aber er kann nicht erlösen: die
Toten erwecken und das Zerschlagene zusammenfügen. Sein
Bewußtsein ist universales Unheilsbewußtsein, und damit ist
er dem Historiker ebenso voraus, wie er hinter ihm zurück-
bleibt, dem Historiker, der sich nur ironisch in das »Wir«
und »Uns« der falschen Aussagen über die Kette von Begebenheiten und den Fortschritt einschließt. Der Historiker
ist es, aus dessen Perspektive das Bild vom Engel entworfen
ist. Der Engel ist dem Historiker voraus, weil er, noch stumm
und verweht, doch Bote und Zeuge des Paradieses bleibt.
Worauf der Historiker wartet, das liegt als erfahrene Vergangenheit hinter dem Engel: sein hoffnungsloses Unheilsbewußtsein ist deshalb universales Heilsbewußtsein in Nega-
tivform, objektive Heilspräsenz in Form des nicht erfüllten,
aber auch nicht zu beschwichtigenden Anspruchs. Der Engel
hat Gott gesehen; der Historiker sieht nur den Engel. Aber
weil der Engel Gott, das Heil, gesehen hat, weil ihm wahr
und wirklich gewesen ist, was der Historiker erwartet, sieht
er auch durchdringend und universal an der Gegenwart das
Unheil, während der Historiker ihn in Bezug zu dem Paradies
und dem Gott weiß, den der Engel aus dem Blick verloren
hat. Vom Ursprung her kommt im Engel dem Historiker
Erölsungshoffnung zu. Der Historiker muß die Hoffnung aus
der Verkehrung des vom Paradies her wehenden Fortschritts-
sturmes herauslesen. Der Engel hat keine Botschaft; er *ist* die
Botschaft, aber die Botschaft kann sich nicht selbst verstehen;
der Historiker ist es, der den Engel als die Botschaft erkennt;

seine frohe Botschaft entspringt im Erblicken der Unheilsfigur
des Engels, der ein Engel neuer Art ist, Angelus Novus nicht
als einer der in jedem Augenblick neu entstehenden und vor
Gottes Angesicht nach vollendetem Gesang untergehenden
Engel der talmudischen Legende, vielmehr als der, welcher als
universales und totales Unheilsbewußtsein bleiben muß, bis
er mit der erlösten Geschichte untergehen darf.

Wird nun aber die Hoffnung des Historikers nicht dadurch
widerlegt, daß der Trümmerhaufen der Geschichte in dem
Maße anwächst, wie der Sturm den Engel vom Paradiese
wegtreibt; bleibt nicht als Faktum, daß Geschichte fortschreitende Entfernung vom Paradies, fortschreitende Katastrophe
ist? Das Faktum bleibt, aber die fortschreitende Entfernung
vom Paradies als fortschreitende Steigerung der Katastrophe
wäre nur dann Widerlegung der messianischen Kraft und
Hoffnung, wenn das Reich Gottes das Telos der historischen
Dynamis wäre, wenn es zum Ziel gesetzt wäre oder gesetzt
werden könnte. Aber bei dem Verhältnis von Paradies und
Himmel geht es ja nicht um das Verhältnis von Ausgang
und Ziel. Das Ende als Wiederherstellung und Aufhebung
des Anfangs ist eschatologischer Einbruch, der jederzeit erfolgen kann, der sich aber nicht dem Blick in die Zukunft
ankündigt, weil er nicht Ergebnis der Geschichte ist, sondern
deren Berichtigung, Heilung und Verwandlung. Auch wenn
der Trümmerhaufen immer höher wächst, rückt der Himmel
nicht ferner[66].

66 In der Verschränkung von Hoffnung und Verzweiflung haben
alle Interpretationen der IX. These ihre besondere Schwierigkeit.
Hannah Arendt betont einseitig das Katastrophische, indem sie
in die Perspektive des Engels eintritt (Benjamin. S. 223). Unbe-
greiflich und unbegründet ist ihre Behauptung, in Benjamins
Engel der Geschichte »erlebt der Flaneur seine letzte Verklärung« (Benjamin. S. 61). *Benjamin* hat über den Geschichtsverlauf als Katastrophe gesagt, er könne »den Denkenden eigentlich nicht mehr in Anspruch nehmen als das Kaleidoskop in der
Kinderhand, dem bei jeder Drehung alles Geordnete zu neuer
Ordnung zusammenstürzt« (Illuminationen. S. 265). Das heißt,
eine Auffassung der Geschichte als absolut katastrophisch ist

Die X. These, welche die Bestimmung dieser Thesen ausspricht, tut das in verdeckter Anknüpfung an die VII. These,
in der von der Mönchssünde der acedia als der Sünde des

genau so platt wie die gegenteilige, die noch in jedem Zusam-
mensturz Ordnung wahrnimmt. Im Gegensatz zu *Hannah
Arendt* entschärft *Ernst Fischer*, wie alle marxistischen Interpreten, die Düsternis der IX. These mit der Meinung: »Nach
wie vor entfernt sich vom Ursprung, dem er zustrebt, der Engel,
doch wird die Utopie des paradiesischen Urzustands durch die
Möglichkeit künftiger Menschenwelt aufgewogen. Wohl könne
es, meint Benjamin, kein Wissen von der Zukunft geben (und
darum kehrt sein Engel ihr den Rücken), aber nicht Stillstand,
sondern Fortschritt ist das Gesetz der Welt. . .« (Geisterseher.
S. 118). In der IX. These ist von der Möglichkeit künftiger Menschenwelt mit keinem Wort die Rede, und die Banalität, daß
nicht Stillstand, sondern Fortschritt das Gesetz der Welt ist,
geht über die Kompliziertheit des Bildes glatt hinweg. *Kittsteiner* (Thesen. S. 251) behauptet sogar, »daß gerade in diesem
Hauptstück die Vorstellung von Fortschritt ihr Recht behält«,
und rechnet Benjamin als besondere Leistung die »kritische Bei-
behaltung eines Begriffs von Fortschritt« an (ebd. S. 247), für
die es in der IX. These keinen Anhalt gibt. Nur außerhalb der
›Thesen‹ findet sich bei *Benjamin* ein positiver Begriff des Fortschritts, etwa in dem von *Tiedemann* (Studien. S. 104) aus dem
Passagen-Manuskript zitierten Satz: »Fortschritt ist nicht in der
Kontinuität des Zeitverlaufs, sondern in seinen Interferenzen
zu Hause: dort wo ein wahrhaft Neues zum ersten Mal mit der
Nüchternheit der Frühe sich fühlbar macht.« Man muß hier
allerdings eher von einer paradoxen Wendung des Fortschritts-
begriffs gegen sich selbst sprechen, ist doch sein Vorstellungs-
inhalt gerade kontinuierliches Fortschreiten, nicht Sprung aus
der Kontinuität, absoluter Anfang des »wahrhaft Neuen«. Noch
krasser heißt es in ›Zentralpark‹: »Der Begriff des Fortschritts
ist in der Idee der Katastrophe zu fundieren. Daß es ›so weiter‹
geht, ist die Katastrophe.« (*W. B.*: Illuminationen. S. 260). Daß
Kittsteiners Meinung, die IX. These halte die Vorstellung von
Fortschritt fest, seiner anderen Deutung der IX. These widerspricht, sie bedenke den Geschichtsverlauf als Katastrophe
(Thesen. S. 251), bemerkt er nicht. Weil weder das eine noch
das andere richtig ist, ist es weder nötig noch möglich, *Benjamins* Äußerung, der Geschichtsverlauf als Katastrophe könne
den Denkenden nicht mehr in Anspruch nehmen als das Kaleidoskop in Kinderhand, gegen *Benjamin* auszuspielen (*Kittsteiner*, Thesen. S. 251).

Historismus die Rede war. Ist acedia verdrossene Gleichgültigkeit gegenüber Gott und der zu ihm führenden Askese, so geht es hier um Abwendung von der Welt, darin Hinwendung zu Gott durch Meditation, wie sie die Klosterregel den Mönchen vorschreibt. Die Bestimmung der »Thesen« wendet die Askeseforderung in Benjamins historisch-materialistischen Messianismus: Meditation der »Thesen« soll »das politische Weltkind« —Goethes berühmte Formel vom Weltkind zwischen den Propheten — aus den Netzen der falschen, weil schwachen, dem Fortschrittslauf der Welt, dem Apparat, der Massenbasis, kurz, den Automatismen der Geschichte vertrauenden Gegnern des Faschismus lösen. Das ist eine Lösung, die teuer zu stehen kommt, weil sie den Menschen der Fortschrittsgarantie beraubt, ihn der Einsicht in die Offenheit und Unentschiedenheit der Geschichte aussetzt. Daß die »Thesen« als Einsicht eines einzelnen auf die Brüder angewiesen sind, die sie durch Meditation aneignen, wird abermals deutlich, doch noch mehr: Mit dieser Einsicht, die sich der Krise verdankt, wird überhaupt erst die messianische Kraft der Geschlechter als solche kenntlich, mit ihrem Auftrag zusammen, diese Kraft anzuwenden. Die »Thesen« selbst sind vorüberhuschende Wahrheit über die vorüberhuschende Wahrheit der Geschichte, eine erste und einmalige, mit der außerordentlichen eschatologischen Zuspitzung der politischen Zeitsituation heraufgekommene Chance, die messianische Spannung der Geschichte ins Zeitbewußtsein zu bringen und mit einer Epoche der Geschichtsschreibung eine Epoche der Geschichte herbeizuführen. Ihre Formulierung bezeichnet dem Anspruch nach das historische Datum eines Neuanfangs.

Sprechen die VIII. und die X. These von den im Namen des Fortschritts unterlegenen Gegnern des Faschismus nur allgemein, so nennt die XI. These den wichtigsten beim Namen: die Sozialdemokratie. Ihr wird der Konformismus zugeschrieben, der schon in der VI. These attackiert wird, und zwar nicht mehr nur im Bereich der politischen Taktik, von der in den Thesen VIII und X die Rede war, sondern darüber hinaus im Bereich ihrer ökonomischen Vorstellungen. Benjamins

Wendung gegen die Sozialdemokratie entspricht auf den ersten Blick der Linie der deutschen KP, die der Sozialdemokratie ein Abgleiten in einen unrevolutionären, revisionistischen Evolutionismus vorwarf. Benjamin bezieht sich aber
nicht auf die KP, und das mit Grund; denn wenn er auch
gegen die undialektische positive Auffassung der Arbeit in
der Sozialdemokratie Marx ins Feld führen kann und dessen
Frage nach der Funktion der Arbeit im jeweiligen ökonomischen, gesellschaftlichen und politischen System, so gilt doch
auch für Marx und die KP, was Benjamin der SPD vorwirft[67]. Sie alle glauben, mit dem Strom zu schwimmen, sofern
sie in der Arbeiterklasse das durch ökonomische Prozesse mit
objektiver Notwendigkeit erzeugte Subjekt der Überwindung
des Kapitalismus sehen. Benjamins Konzeption der Verwandlung des kulturellen und historischen Erbes je nachdem, in
welche Konstellation es eingebracht wird, zeigt in der XI. These
ihre Analogie zu Marx' dialektischer Wertung der Arbeit.
Wenn aber Benjamin dem vulgär-marxistischen Begriff davon, was Arbeit ist, entgegenhält, er wolle »nur die Fortschritte der Naturbeherrschung, nicht die Rückschritte der
Gesellschaft wahrhaben«, dann ist das ebenso eine Argumentationsfigur negativ dialektischer wie originär marxistischer
Geschichtsphilosophie, eine Argumentationsfigur, die an
Horkheimers und Adornos »Dialektik der Aufklärung« von
1948 anklingt. In den gleichen Zusammenhang gehört die
Polemik gegen ein technokratisch-herrschaftliches Naturver-
hältnis überhaupt, dem die Natur, wie der Sozialdemokrat
Josef Dietzgen gesagt hat, als Ware »gratis da ist«. Wie die
Geschichte zu ihrer Wahrheit erlöst werden muß, muß die
Natur durch den Menschen nicht ausgebeutet, sondern ent-
bunden werden. Weiter allerdings geht Benjamin nicht. Sein
Interesse liegt auf dem Naturverhältnis des Menschen, nicht

---

67 *Tiedemann* betont in den ›Studien‹ (S. 109) an der Fortschrittskritik Benjamins vor allem deren untergründige Stoßrichtung
   gegen die idealistische Philosophie, sieht aber auch die Wendung gegen *Marx*.

auf der Einholung des Menschen in Natur[68]. An die Stelle
einer »Resurrektion der gefallenen Natur«, die Jürgen Habermas nicht nur Marcuse, Horkheimer, Bloch und Adorno als
Hoffnung zuspricht, sondern auch Benjamin[69], tritt bei Benjamin die Resurrektion der Geschichte. So hat auch die Polemik Benjamins gegen Dietzgens Formulierung von der Arbeit
als dem »Heiland der neuen Zeit« ihren tiefsten Ansatzpunkt
nicht im Vorwurf, vom cui bono abzusehen, sondern in der
Überzeugung Benjamins, der Klassenkampf überhaupt sei
nicht unmittelbar aufs Reich Gottes bezogen, sondern nur
mittelbar, als Ermöglichung, nicht als Verursachung dessen,
was zufallen muß: der Erlösung.

Nur scheinbar widerspricht die XII. These der Behauptung,
die Arbeiterklasse sei bei Benjamin nicht mehr notwendig
und selbstverständlich Subjekt der Geschichte. Bezeichnender-
weise spricht Benjamin nirgends in den »Thesen« selbst von
der Arbeiterklasse, vielmehr von der kämpfenden, unterdrückten Klasse, — eine Bestimmung, die nicht aus der objektiven Stellung im Produktionsprozeß abgeleitet wird, sondern
subjektiv, aus einer in Entscheidung begründeten Haltung:
dem Kampf, die voraussetzt, daß Unterdrückung erfahren,
nicht einfach vorhanden ist. Man könnte paradox sagen: nicht
die Arbeiterklasse ist unterdrückt und kämpfend, sondern die
Unterdrückten, Kämpfenden sind die Arbeiterklasse. Der Sozialdemokratie mit ihrem falschen Glauben an den natur-
gesetzlichen Automatismus des Fortschritts wird der sozio-
ökonomisch beschreibende Terminus Arbeiterklasse zugescho-
ben. Benjamin spricht von einem historischen Subjekt
— erstmals in der VI. These —, das Subjekt nicht einfach ist,
vielmehr sein soll, sein will und zu werden hat. Das zeigen
auch seine historisch-politischen Zeugen: die aktionistischen
Bewegungen des Spartakus, der französischen Kommune mit

68 Vgl. das Kapitel »Zum Planetarium« in *Benjamins* »Einbahnstraße« (W. B.: Schriften. Bd. I. S. 515—581, dort S. 579 ff.).
69 *Jürgen Habermas*, Technik und Wissenschaft als ›Ideologie‹.
edition suhrkamp 287. S. 48—103, dort S. 54 ff. vgl. a. *Tiedemann*, Nachwort zu: W. B., Charles Baudelaire, S. 183 f.

ihrem Helden Blanqui. Kein Blick fällt auf die Sowjetunion, die KPdSU, Lenin oder Stalin: es ist die Zeit des deutsch-sowjetischen Paktes[70]. Die Bestimmung des Verhältnisses, in dem der Historiker zum Klassenkampf steht, wird in der lapidaren Feststellung zu Ende geführt, Subjekt der historischen Erkenntnis sei die kämpfende Klasse selbst. Der Historiker ist Erkennender sofern sein Bewußtsein Bewußtsein der kämpfenden Klasse ist; zugleich wird damit die Bestimmung der Geschichte als einer Kraft im Klassenkampf zum Abschluß gebracht — im Nietzsche-Zitat sowie in der Ausspielung der Geschichtsperspektive gegen die Zukunftsperspektive, die der Fortschrittskonzeption zugeordnet wird. Haß und Opferwillen der unterdrückten Klasse nähren sich »an dem Bild der geknechteten Vorfahren, nicht am Ideal der befreiten Enkel«. Nicht wird Benjamins Geschichtsphilosophie zur Rückwärtswendung, indem sie sich den Blick in die Zukunft verbietet; im Gegenteil[71]. Ebenso verliert sie nicht die Handlungsperspektive, indem sie die kämpfende Klasse als Subjekt der historischen Erkenntnis statt der Weltrevolution definiert; gleichfalls im Gegenteil — sie bringt damit die historische Erkenntnis als revolutionäre Kraft zur Geltung. Gerade indem sich die unterdrückte Klasse den Blick in die Zukunft verbietet, öffnet sie sich der Möglichkeit einer Zukunft, wogegen die Sozialdemokratie diese verschließt, indem sie dem Glauben an den Fortschritt anhängt.

70 *Gershom Scholem* sagt, daß in den »Thesen« Benjamins »Erwachen aus dem Schock des Hitler-Stalin-Paktes sich vollzog« (W. B. und sein Engel, S. 129).

71 *Benjamin* sagt in »Zentralpark«: »Die Aktivität des Berufsverschwörers, wie Blanqui einer gewesen ist, setzt durchaus nicht den Glauben an den Fortschritt, sondern zunächst nur die Entschlossenheit, mit dem derzeitigen Unrecht aufzuräumen, voraus. Diese Entschlossenheit, die Menschheit aus der jeweils ihr drohenden Katastrophe in letzter Stunde herauszureißen, ist gerade für Blanqui ... das Maßgebende gewesen. Er hat sich immer geweigert, Pläne für das zu entwerfen, was später kommt.« *(W. B.,* Illuminationen. S. 262) *Tiedemann* knüpft im Nachwort zu W. B., Charles Baudelaire. S. 188, Benjamins Fortschritskritik an Baudelaire und Blanqui an.

Im Verlangen nach Haß und Opferwillen bei der unterdrückten Klasse, nach dem Blick auf die geknechteten Vorfahren, nicht auf das Ideal der befreiten Enkel, liegt aber noch mehr. Gershom Scholem spricht von der »edle[n] und positive[n] Gewalt der Zerstörung[72]« als einem apokalyptischen Zug, der in den späten Schriften Benjamins der Welt zugeordnet werde. Er war schon im Hinweis auf den Messias als Überwinder in der VI. These faßbar. Benjamin selbst redet am Schluß seiner Abhandlung über Karl Kraus in einer von der IX. These abweichenden Wendung abermals von Klees Angelus Novus, hier in ausdrücklicher Beziehung auf die Talmudische Legende, die er am Ende der Ankündigung der Zeitschrift »Angelus Novus« zitiert. Anläßlich der IX. These war schon von ihr die Rede. Im Aufsatz über Karl Kraus steht der Bezwinger des »Dämons« »als ein Geschöpf aus Kind und Menschenfresser« da: »kein neuer Mensch; ein Unmensch; ein neuer Engel«. »Und darum steht der Unmensch als der Bote realeren Humanismus unter uns. Er ist der Überwinder der Phrase. Er solidarisiert sich nicht mit der schlanken Tanne, sondern mit dem Hobel, der sie verzehrt, nicht mit dem edlen Erz, sondern mit dem Schmelzofen, der es läutert.« Klees »Neuer Engel« erscheint als der, »welcher die Menschen lieber befreite, indem er ihnen nähme, als beglückte, indem er ihnen gäbe[73]«. Der apokalyptische Zug dieser Vorstellungen, die apokalyptische Bildlichkeit der Bibel ist nicht zu übersehen. Im Zerstören des schlechten Bestehenden leuchtet aber auch ein Zug des Neuen auf. Denn das Zerstören bildet in der Entstelltheit der geschichtlichen Welt vor, was das messianische Endreich bringen wird: nicht irgend welche Gaben, vielmehr das Wegnehmen alles Falschen, Untergang, wie ihn die Engel der talmudischen Legende erfahren, von der Benjamin spricht. Das Messianische ist Aufgang als Auflösung, Untergang, nicht Herstellung. Und auf dieser Stufe allerdings kann der Einwand der Rückwendung und der

72 Siehe *G. Scholem*, Benjamin, S. 159.
73 *W. B.*, Schriften, Bd. 2, S. 195 und 194.

fehlenden Handlungsperspektive zur Geltung kommen. Das
Handeln hört im messianischen Reich ebenso auf wie die
Blitzhaftigkeit und Parteilichkeit des geschichtlichen Erkennens mit dem Zufallen der ganzen Geschichte an die erlöste
Menschheit aufhören wird. Im Erscheinen des Messias er-
löschen alle Intentionen, es ist das Reich der Intentionslosigkeit, und auch die Wahrheit wird sich als das offenbaren,
was sie im Innersten bei Benjamin immer schon sein will:
intentionslos.

Von hier aus erweist es sich als bedeutend, daß das Zufallen der Geschichte an die erlöste Menschheit in der
III. These und das Zufallen des Gottesreiches in der IV. These
terminologisch aufeinander verweisen: Marx' Geschichtsphilosophie wendet sich vorwärts; er will die Vorgeschichte der
Menschheit durchschreiten, damit deren Geschichte mit der
Etablierung der klassenlosen Gesellschaft eröffnet werden
kann. Hier winkt Vollendung als unendlicher Progreß. Benjamin ist an diesem Punkt Hegel näher, dem die Erfüllung
der Geschichte darin liegt, daß ihr Sinn ans Licht tritt; es ist
eine Erfüllung, die das Gewesene vollendet, nicht ein Neues
beginnt[74]. Zwar ist der Unterschied zwischen Erlösung und
Vollendung groß, aber auch die Erlösung meint wesentlich,
wenn sie den neuen Himmel und die neue Erde heraufführt,
keinen Neuanfang, vielmehr Wiederherstellung, Endgültig-
keit. Der neue Himmel und die neue Erde sind Heimholung
des Paradieses und der Geschichte, Ende der Heilsgeschichte.
So betrifft Erlösung auch nicht eine zukünftige, noch aus-
stehende Menschheit, die durch sie ermöglicht und eingesetzt
werden sollte, sondern *diese* Menschheit, Lebende und Tote.
Nicht von ungefähr tritt bei Benjamin der Begriff der Er-

---

74 Auch eine gewisse Nähe zu Adornos Vorstellung eines Zu-
    standes der »Kontemplation ... ohne Inhumanität« (Negative
    Dialektik. S. 240), der sich jenseits der Praxis auftut, sowie zu
    Horkheimers schwacher Hoffnung, daß »die Erde zu einem Ort
    der Kontemplation und der Freude werden könnte« (*M. H.*, Zur
    Kritik der instrumentellen Vernunft, 1967, S. 145), ist festzu-
    stellen.

lösung, auch des Glücks, in der II. These erstmals in Bezug
auf die Vergangenheit auf. Nur Erlösung kann versäumte
Möglichkeiten wirklich werden lassen; nur in ihr kann sinnloses Gewesenes Sinn bekommen; nicht von ungefähr ist hier
schon wie später immer wieder das Messianische prononciert
auf die Vergangenheit bezogen, als eine Kraft der Lebenden,
die sich im Historiker sammelt: Uns ist »eine *schwache* messianische Kraft mitgegeben, an welche die Vergangenheit Anspruch hat« (II). Der Tag der Zitierbarkeit jedes gelebten
Augenblicks der Geschichte ist der Jüngste – der letzte (III).
Der Historiker bringt der Vergangenheit mit fliegenden Pulsen die frohe Botschaft (V). Auf den kommenden Messias
als den Überwinder wird der Geschichtsschreiber bezogen,
der dem Vergangenen den Funken der Hoffnung anfacht
(VI). Der Engel der Geschichte möchte die Toten wecken und
das Zerschlagene zusammenfügen (IX). Das historische Subjekt ist Subjekt historischer Erkenntnis (XII). Die messianische Stillstellung des Geschehens ist »eine revolutionäre
Chance im Kampfe für die unterdrückte Vergangenheit«
(XVII). So gilt auch die Kritik der XII. These an der Sozialdemokratie – »sie gefiel sich darin, der Arbeiterklasse die
Rolle einer Erlöserin künftiger Generationen zuzuspielen« –
nicht nur, analog der Wendung der XI. These gegen die
Arbeit als »Heiland der neuen Zeit«, einer fälschlichen direkten Herübernahme messianischer Kategorien in die politische
Praxis, sondern auch der falschen Zukunftswendung des Er-
lösungsbegriffs[75]. Zukünftige Erlösung wird Vergangenheit er-

75 *Tiedemann* zitiert im Nachwort zu W. B., Charles Baudelaire, S.
190, ein Ms Benjamins, in dem jedem Augenblick als revo-
lutionärem »die Schlüsselgewalt ... über ein ganz bestimmtes,
bis dahin verschlossenes Gemach der Vergangenheit« zugespro-
chen wird. »Der Eintritt in dieses Gemach fällt mit der politischen Aktion strikt zusammen; und er ist es, durch den sie sich,
wie vernichtend immer, als eine messianische zu erkennen gibt.«
Die Schlüsselgewalt über die Vergangenheit macht also das
Messianische der politischen Aktion aus – sie wird erfaßt und
repräsentiert vom »revolutionären Denker«, der die frohe Botschaft für die Vergangenheit trägt.

lösen; Gewinnung der Vergangenheit für die Gegenwart, Stärkung von Haß und Opferwillen im Blick auf sie sollen die Gegenwart zu ihrem Kampf befähigen, der doch ein Kampf für die Vergangenheit ist: um ihretwillen ist Gegenwart und Zukunft.

Kann durch Erlösung sinnloses Gewesenes Sinn bekommen, so steht andererseits, wo sie stattgefunden hat, nichts mehr aus; ist alles Sinnlose sinnvoll geworden, alles Leiden geheilt, alles zu Lebende gelebt. Die erlöste Vergangenheit ist die an die erlöste Menschheit gefallene, die erlöste Menschheit aber die, der die Vergangenheit zugefallen ist. So ist das merkwürdige Dictum Benjamins zu begreifen, das Tiedemann aus dem Passagen-Manuskript zitiert[76]: »Das Eingedenken kann das Unabgeschlossene (das Glück) zu einem Abgeschlossenen und das Abgeschlossene (das Leid) zu einem Unabgeschlossenen machen. Das ist Theologie...« Das Eingedenken als ein religiöses Verhalten des Judentums, wie es die XV. These einführt, bringt im Blick auf die Geschichte unter der Kategorie der Erlösung das als Erfüllung unendlich ausschwingende Glück zum Abschluß, indem es seine Richtung auf Untergang erfaßt, die darin liegt, daß nichts mehr aussteht, nichts mehr zu wünschen bleibt; das Eingedenken macht aber auch das factum brutum des gelittenen Leids offen für Erlösung. Sie muß gedacht werden, wo die Vollendungskategorie von Hegel und Marx ebenso wie die Selbstbescheidung des Historismus entfällt, wo aus Hegel und Marx ein absoluter Erfüllungsanspruch aufgenommen wird, für den deren Einlösungsmöglichkeit nicht mehr gegeben ist, ja, der sogar noch weiter greift: weil er alle gelittenen Schmerzen absolut ernst nimmt und nicht in höheren Zwecken oder Notwendigkeiten auflöst. Kurz: sie muß da gedacht werden, wo erkannt ist, was Horkheimer an Benjamin schreibt: »Das vergangene Unrecht ist geschehen und abgeschlossen. Die Erschlagenen sind wirklich erschlagen... (...) Das Unrecht, der Schrecken,

---

76 *Tiedemann*, Studien, S. 118.

die Schmerzen der Vergangenheit [sind] irreparabel[77]« — und
wo dann doch auf Reparabilität bestanden wird: Sie ist nur
als Auferstehung.

Höhepunkt und Abschluß der Fortschrittspolemik, die zugleich SPD-Polemik ist, findet sich in der XIII. These, ein-
geleitet durch ein ironisches Zitat platter Fortschrittsgläubig-
keit aus dem Munde Josef Dietzgens, der für Benjamin die
Rolle einer Repräsentativfigur der Sozialdemokratie spielt.
Dem mit dogmatischem Anspruch versehenen Fortschritts-
gedanken der Sozialdemokratie widerspricht Benjamin in drei
Hinsichten, aus denen jeweils negativ Benjamins eigene An-
sicht hervorgeht. Benjamin sieht nicht einen Fortschritt der
Menschheit selbst, sondern nur ihrer Fertigkeiten und Kennt-
nisse. Das führt auf den Widerspruch, daß eine Gesellschaft,
deren technologische Mittel das Paradies möglich machen,
Auschwitz möglich gemacht hat. Benjamin glaubt nicht an
einen unabschließbaren Fortschritt, der in einer unendlichen
Perfektibilität des Menschen gründete. Erlösung, das Messianische, ist absolut, Erfüllung, kein neuer Anfang. Benjamin
glaubt schließlich nicht an die Unaufhaltsamkeit des Fortschritts. Unaufhaltsam ist vielmehr, wie die IX. These sagt,
der Sturm der Geschichte, den »wir« Fortschritt nennen. Mit
dieser Zusammenfassung der Kritik an der Kategorie des
Fortschritts wird das Thema von Kontinuität und Diskontinuität der Geschichte explizit, das in den bisherigen Thesen
implizit schon immer wieder angespielt worden ist: in der
Wendung gegen das schlechte Kontinuum von Sinn, das die
Herrschenden der Geschichte substituieren, in der Vorstellung
der momentan aufblitzenden und vorüberhuschenden Wahrheit, die immer nur Geschichtsmomente, nicht das Ganze der
Geschichte umfaßt. Jeder als Möglichkeit begriffene geschichtliche Augenblick macht Möglichkeiten der Geschichte frei.
Jede freigemachte Möglichkeit der Geschichte kommt der

---

77 Aus dem Passagen-Manuskript zitiert, *Tiedemann*, Studien, S.
117.

Möglichkeit der Gegenwart zu Hilfe[78]. Als Beziehung solcher Diskontinuitätsaugenblicke wird der Gegenwurf denkbar, den Benjamin der Vorstellung eines Fortgangs der Menschheit entgegenstellt, der eine homogene und leere Zeit durchläuft. Sie ist ihm die Basis des Fortschrittsdogmas, an dem die Kritik ansetzen muß.

Die XIV. bis XVIII. These führen allerdings diese Kritik nicht aus. Die dritte Thesengruppe entwickelt statt dessen positiv das Konzept der Entscheidungsmomente, die das Kontinuum der Geschichte sprengen und dabei vorüberhuschende Wahrheitsmomente der Geschichte fassen. Dieses Fassen erscheint jetzt als Konstruktion von Geschichte, und darin schärft sich der Zug des Eingreifens, der dem letzten messianischen Zufallen kontrastiert. Wo die Wahrheit, das Gottesreich, voll zugefallen ist, wird die Konstruktion der Geschichte aufhören; umgekehrt ist die Konstruktion von Geschichte als Aktion des Klassenkampfes Voraussetzung für das einstige volle, ganze und wirkliche Zufallen des Reichs Gottes und in ihm der Geschichte. Als Teilmoment einer übergreifenden Konzeption sind in dem Gedanken von der Geschichte als Gegenstand einer Konstruktion Ansätze der subjektiv-idealistischen Geschichtsphilosophie aufgehoben, wie sie etwa in Schillers historischer Antrittsvorlesung »Was heißt und zu welchem Ende studiert man Universalgeschichte?« vorliegen. Auch hier wird Sinn in der Geschichte nicht vorgefunden, sondern konstruiert als ein durch Handeln zu bewahrheitender[79]. Desgleichen ist bei Benjamin der Satz, die Geschichte sei Gegenstand einer Konstruktion, im Doppelsinne des Wortes Geschichte als die geschehende Geschichte

---

78 Zum Zusammenhang vgl. *Peter Szondi*, Hoffnung im Vergangenen. Walter Benjamin und die Suche nach der verlorenen Zeit, in: Zeugnisse. Th. W. Adorno zum 60. Geburtstag, 1963. S. 241—256.

79 Das gilt auch für *Kants* Geschichtsphilosophie in seiner ›Idee zu einer allgemeinen Geschichte in weltbürgerlicher Absicht‹ von 1784. Deshalb ist *Tiedemanns* Meinung, *Kant* werde von *Benjamins* Kritik an einem dogmatischen Fortschrittsbegriff getroffen, unzutreffend. (T.: Studien. S. 109 f.).

und die gedeutete Geschichte zu lesen. Indem die Französische Revolution sich als ein wiedergekehrtes Rom verstand, konstruierte sie eine Geschichtsdeutung, in der sie zugleich einen Handlungsentwurf der Geschichte konstruierte[80]. Indem die Gegenwart als Entscheidungsmoment ergriffen wird, wird zufallende Geschichte ergriffen; indem zufallende Geschichte ergriffen wird, wird Gegenwart als Entscheidungsmoment erfaßt. Das geschieht in »Jetztzeit« und definiert Jetztzeit: Sie lädt Vergangenheit mit sich auf und reißt sie aus dem Unheilszusammenhang heraus; sie lädt sich mit Vergangenheit als einer Kraft zur Entscheidung auf und wird darin Jetztzeit. In doppeltem Sinne ist Jetztzeit Ort der Konstruktion der Geschichte.

Zugleich mit dem Begriff der Jetztzeit verdeutlicht das Beispiel der Französischen Revolution, was unter den bei währender Geschichte faßlichen Wahrheitsmomenten der Geschichte zu verstehen ist. Es sind Momente in ihrem Ganzen, die aber in einem bestimmten Moment ganz heraustreten. — Das antike Rom ist eine Einzelerscheinung der Geschichte, die ergriffen wird, nicht ihr Gesamtverlauf; aber als Einzelerscheinung auch etwas den Gesamtverlauf Bestimmendes und Ausmachendes. Hier hat der Vergleich mit der Mode seinen Platz. Sie ist Tigersprung ins Vergangene — Zitat vergangener Trachten in Einzelheiten und im gesamten Duktus — aber Tigersprung in einer Arena, in der die herrschende Klasse kommandiert und damit nur depravierte Schrumpfform eines wirklichen Tigersprungs. Sie befreit Vergangenheit nicht, indem sie diese ergreift, sondern bereitet sie den Herrschenden als Beute zu[81]. »Derselbe Sprung, unter dem freien

80 Es läuft *Benjamin* diametral entgegen, wenn *Kittsteiner* (Thesen S. 243) meint: »Das Proletariat ... bedarf der weltgeschichtlichen Rückerinnerungen nicht mehr, die sich den bürgerlichen Revolutionären im gegebenen Augenblick einstellten, um sich selbst und die Volksmassen über den eigentlichen Inhalt ihrer Revolutionen hinwegzutäuschen.«

81 Deshalb ist sie auch nicht Ausbruch aus dem Kontinuum. In ›Zentralpark‹ nennt *Benjamin* sie »ewige Wiederkehr des Neuen« (W.B.: Illuminationen, S. 257).

Himmel der Geschichte ist der dialektische, als den Marx die Revolution begriffen hat« — dialektisch, wenn auch durch das geschichtskonstruktive Moment von der Marxschen Dialektik abgehoben, als wechselseitige Befreiung von Gegenwart und Vergangenheit durch einander. Das wiedergekehrte Rom wird ein anderes; der Tigersprung ins Vergangene, soweit er die Revolution bezeichnet, meint — so ist der Satz in Bezug auf das Motto aus Karl Kraus zu lesen — Ursprung als Ziel in dem Sinne, den Benjamin im Trauerspiel-Buch bestimmt hat mit dem Satz: »Im Ursprung wird kein Werden des Entsprungenen, vielmehr dem Werden und Vergehen Entspringendes gemeint[82].« Das in der Gegenwart dem Werden und Vergehen Entspringende faßt seinesgleichen in der Vergangenheit, und beide erreichen in diesem Fassen erst das

---

[82] *W. B.*: Schriften, Bd. I. S. 161. *Theodor W. Adorno* interpretiert den gleichen Satz von *Karl Kraus* in der »Negativen Dialektik«, S. 156, folgendermaßen: »Der Begriff des Ursprungs müßte seines statischen Unwesens entäußert werden. Nicht wäre das Ziel, in den Ursprung ... zurückzufinden, sondern Ursprung fiele allein dem Ziel zu, konstituierte sich erst von diesem her.« Bei Adorno ist der Ursprung vom Anderen der Geschichte her gedacht, das sie nie erreichen kann; bei Benjamin von der Geschichte her, der der Ursprung entspringt. *Gershom Scholems* Feststellung, »...das Paradies ist zugleich Ursprung und Urvergangenheit des Menschen wie auch ein utopisches Bild der Zukunft seiner Erlösung«, sowie der Schluß auf eine »eher zyklische als dialektische Auffassung des geschichtlichen Prozesses« bei *Benjamin* (G. S., W. B. und sein Engel, S. 131) müssen wohl im Lichte seiner Ausführungen über *Benjamins* Kenntnis der jüdischen Mystik (ebd. S. 132 f., 138) und ihrer Vorstellung der Erlösung gelesen werden, über die *Scholem* sagt: ‹In der Erlösung strahlen vom Innern der Welt her Lichter auf, die bisher überhaupt noch nicht aus ihrer Quelle herausgetreten sind. Es gibt verschlossene Bezirke des Göttlichen, die dann erst sich eröffnen, und sie machen den Stand der Erlösung zu einem unendlich reicheren und erfüllteren als jeder Urstand war.« (G. S., Zum Verständnis der messianischen Idee im Judentum, in: G. S., Über einige Grundbegriffe des Judentums, ed. suhrkamp 414, S. 121–170, dort S. 165). Das Paradies kann deshalb als Metapher des messianischen Reiches entziffert werden, nicht als dieses selbst.

Ziel, Ursprung zu werden, dem Werden und Vergehen zu entspringen in »Jetztzeit«. So kann in der Zitation des Ursprungs als Ziel Zukunft gemeint werden ohne Verfall an die Gefahr eines direkten Vorgriffs aufs Gottesreich, vielmehr im Bild einer Vergangenheit, die, auf Gegenwart hin begriffen und ergriffen, die Entstellungen der Negativität abwirft, welche ihr im Kontinuum der Siege der Herrschenden anhafteten. Dennoch ist auch in diesen Bildern, soweit sie Konstruktionen sind, nicht der definitive Sinn der Geschichte offenbar; vielmehr bleiben sie so weit hinter dem messianischen Sinn zurück, wie Konstruktion, Aktivität, Kampf hinter dem Zufallen zurückbleiben. Sie haben allerdings, als in ihrem Konstruktionscharakter gewußte, auch soviel Sinn, wie Klassenkampf, Aktivität, Handeln Voraussetzung, wenn auch nicht Verursachung des Einfalls des Gottesreiches sind. Benjamin sprengt die zum Ziel gewordenen Ursprungsbilder heraus, die als aus Geschichte herausgesprengte doch auch Geschichte bleiben, denn er bringt in diese Bilder das negative Moment ein, anderer Qualität bleiben zu müssen als das einfallende Gottesreich; ebenso das andere negative Moment, mit den Zitaten der Mode so weit verwandt zu bleiben, wie die zu Zwecken eingesetzte Wahrheit, und sei es auch zu dem ihrer eigenen Freisetzung, noch nicht die letzte, intentionslose ist[83]. Hier ist auch der Punkt, der diese Konstruktion der Geschichte von der Schillers unterscheidet, denn dessen Sinnentwurf der Geschichte meint einen in letzter Instanz vom Menschen gesetzten, nicht zu überholenden und nicht überholbaren.

Faßt die XIV. These die Sprengung des Kontinuums der Geschichte primär von der Seite der Geschichtsdeutung her,

83 *Hannah Arendt* übersieht in ihrer sehr eindringlichen Würdigung des Zitats in *Benjamins* Denken (Benjamin. S. 305 ff.) dessen eschatologischen Aspekt, der in der III. These anklingt mit der Vorstellung, jeder gelebte Augenblick der Geschichte werde »zu einer citation à l'ordre du jour — welcher Tag eben der jüngste ist«.

so die XV. These primär von der Aktion der handelnden
unterdrückten Klasse her. Die Einsetzung eines neuen Kalenders in der großen Französischen Revolution, das Schießen in
die Turmuhren während der Julirevolution signalisiert das
Bewußtsein, das Kontinuum der Geschichte revolutionär zu
durchschlagen. Die Feiertage, rückbezogen auf den Tag der
Kalendereinsetzung, erinnern als Tage des Eingedenkens an
diese Fähigkeit. Der Tag, mit dem ein Kalender einsetzt,
fungiert als ein historischer Zeitraffer, insofern er Gegenwart
als von Vergangenheit erwartete in die Perspektive des messianischen Reiches setzt. So der Kalender der Revolution, so der
christliche Kalender, der die Geburt Christi als Mitte der
Geschichte nimmt. »Die Kalender zählen die Zeit also nicht
wie Uhren«, die vielmehr das Zeitmodell der zu verabschie-
denden leeren und homogenen Zeit der Fortschrittskonzeption
liefern. Daß es von dem Geschichtsbewußtsein der Revolution
seit hundert Jahren in Europa nicht mehr die leisesten Spuren
zu geben scheint, zeigt nochmals, daß Benjamin die russische
Oktoberrevolution nicht als Datum seiner Geschichtsphilosophie zueignet, wogegen er im Griff seiner als Wahrheit vor-
übergleitenden Geschichtsphilosophie nach der vorübergleiten-
den Wahrheit der französischen Revolutionen von 1789 und
1830 selbst Beispiele der Verwandlung einer auf die Gegenwart hin begriffenen Vergangenheit gibt. Sie entläßt eine
Wahrheit aus sich, welche die Revolutionäre nicht voll aus-
getragen haben. Vielleicht hat der Zeitgenosse, dem bei der
Julirevolution Josua einfiel, wie er Sonne und Mond still-
stehen ließ und damit den Weltlauf unterbrach, seine Divi-
nation nur dem Reim zu verdanken, in dem er sich äußerte[84].
Benjamins Bild vom Anhalten der Zeit, von der Setzung eines
neuen Kalenders könnte anmuten, als sei es lediglich Verweis
auf den revolutionären Umschlag von Quantität in neue
Qualität, wie ihn die marxistische Dialektik denkt[85]. In

84 Vgl. ›Zentralpark‹: »Den Weltlauf zu unterbrechen ... Der Wille
Josuas«. *(W. B.*, Illuminationen, S. 252).
85 In diesem Sinne entschärft *Holz* (Prismatisches Denken. S.
103) *Benjamins* Fortschrittskritik zur Kritik eines Evolutionsbe-

dieser traditionellen marxistischen Dialektik aber bliebe der Umschlag Moment in einem Sinnkontinuum der Geschichte. Erst indem Benjamin das Kontinuum der Geschichte als schlechtes begreift, muß er die Freiheits-, Entscheidungs- und Möglichkeitsmomente aus diesem Kontinuum herausbrechen[86]. Sie enthalten Setzungen, die keine Fortsetzungen der Vergangenheit sind, sondern Aneignungen. Sie füllen, wie die XIV. These sagt, die Zeit mit Jetztzeit. Die Jetztzeitmomente bilden keine Folge, sondern Konstellationen mit anderen Jetztzeiten. Das Verhältnis von Kontinuum der Geschichte und in sich dialektischen Ausbruchsmomenten ist damit nicht dialektisch, sondern antithetisch. Das Kontinuum ist Unfreiheit, Jetztzeit Freiheit. In aller Schärfe formuliert die XVI. These diese Position, nun wieder in Anwendung auf den Geschichtsschreiber: »Auf den Begriff einer Gegenwart, die nicht Übergang ist, sondern in der Zeit einsteht und zum Stillstand gekommen ist, kann der historische Materialist nicht verzichten. Denn dieser Begriff definiert eben die Gegen-

griffs, dem die qualitativen Umschläge der Dialektik fehlen. So spricht er auch, unbeirrt durch *Benjamins* Unterscheidung zwischen Ziel und Ende der Geschichte, von »utopische(n) Momenten, die auf das Ziel aller Geschichte hinweisen, weil ja jede epochale Situation eben dieses Ziel als Tendenz in sich trägt« (ebd. S. 105). Angesichts einer Geschichtsphilosophie, die das Kontinuum der Geschichte aufsprengen will, erkennt Holz als »Grundeinsicht, daß die extremen Einzelfälle ... die Konstanz des Zusammenhangs sehen lassen, in dem sich das Gesetz der Geschichte manifestiert« (ebd. S. 102). Auch Jetztzeit wird verkürzt: »Es geschieht da so viel, daß an ein Nacheinander im alten Stile nicht zu denken ist. Vielmehr wird die lineare Dimension des Zeitstrangs als eine räumliche des Beziehungsgefüges ausmeßbar ...« (ebd. S. 104).

86 Vgl. ›Zentralpark‹: »Die Rettung hält sich an den kleinen Sprung in der kontinuierlichen Katastrophe.« (*W. B.*, Illuminationen. S. 260) *Tiedemann* zitiert im Nachwort zu *W. B.*, Charles Baudelaire, aus einem unveröffentlichten Ms. *Benjamins:* »Marx sagt, die Revolutionen sind die Lokomotive der Weltgeschichte. Aber vielleicht ist dem gänzlich anders. Vielleicht sind die Revolutionen der Griff des in diesem Zuge reisenden Menschengeschlechts nach der Notbremse.« (S. 189).

wart, in der er für seine Person Geschichte schreibt«, eine
Geschichte, die als geschriebene, wie die Revolution als gehandelte, Sprengung des Kontinuums der Geschichte ist,
nicht Übergang.

Noch einmal wird in der XVI., XVII. und XVIII. These die
Polemik gegen das »Bordell des Historismus« aufgenommen.
Wenn in diesem Bordell die Hure »Es war einmal« angesiedelt
wird, dann meint Benjamin damit die Unverbindlichkeit eines
sich einfühlenden Historismus im Hinblick auf den Klassenkampf, die für Benjamin Parteinahme zugunsten des Siegers
bedeutet. Die Wendung gegen die Universalgeschichte weist
diese ausdrücklich dem Historismus zu — ohne »theoretische Armatur« bietet sie »die Masse der Fakten auf, um die
homogene und leere Zeit auszufüllen«. Benjamin vermeidet
durch diese Zuweisung, der Generallinie der These folgend,
die kritische Auseinandersetzung mit den universalgeschicht-
lichen Konzepten von Hegel und Marx. Die aus der XIV.
These wiederaufgenommene Behauptung, der materialistischen
Geschichtsschreibung liege im Gegensatz zum Historismus
ein konstruktives Prinzip zugrunde, hat gleichfalls ihre verborgene antihegelsche und antimarxistische Spitze, sofern
Konstruktion Gegenbegriff ist auch zum Erkennen des Ge-
schichtssinnes und zu dessen Erfüllung bei Hegel, zum Erkennen der Geschichtsgesetze und deren Durchsetzung bei
Marx. In Benjamins Konzeption herrscht Entsprechung zwischen Einstand der Zeit im absoluten Moment des Handelns
und Einstand der Zeit im absoluten Moment des Erkennens.
Es ist der Moment, »wo das Denken in einer von Spannungen gesättigten Konstellation plötzlich einhält«. Daß dieses
Einhalten des Denkens ebenso wie im Satz vorher die Stillstellung der Gedanken unmittelbar nach dem Hinweis auf
das konstruktive Prinzip der materialistischen Geschichtsschreibung konstatiert wird, läßt sowohl Einhalten wie Stillstellung als konstruktive Handlungen erscheinen. Einhaltend
erteilt das Denken der Konstellation einen Schock, »durch den
es sich als Monade kristallisiert«. Der folgende Satz scheint
in einen Widerspruch zu fallen: »Der historische Materialist

geht an einen geschichtlichen Gegenstand einzig und allein
da heran, wo er ihm als Monade entgegentritt.« Einmal
kristallisiert sich hier das Denken als Monade, zum andern
tritt der geschichtliche Gegenstand dem historischen Materialisten als Monade entgegen. In Wirklichkeit ist der scheinbare
Widerspruch ein Wechselverhältnis. Dabei drückt sich das
Wechselseitige des Verhältnisses von Konstellation, Denken
und Gegenstand gerade in dem aus, worin Benjamins Bild
schief ist und dergestalt Dissoziation von sinnlichem Substrat
und Sinn. Es ist das Bild der gesättigten Lösung, die durch
einen Choc zur Auskristallisation gebracht wird. Das »Denken
in einer von Spannungen gesättigten Konstellation« ist Moment der von Spannungen gesättigten Konstellation und tritt
ihr doch auch gegenüber, indem es dieser einen Choc erteilt,
»durch den es sich als Monade kristallisiert«. Es muß fest-
gehalten werden, daß sich in diesem Nachsatz wieder der
ursprüngliche Aspekt durchsetzt. Was sich als Monade kristallisiert, ist nicht das von außen erschütternde Denken,
sondern das Denken in der von Spannungen gesättigten
Konstellation, das heißt das Denken im Denken des Gegenstandes in der Konstellation. Dem Denken kommt darin
etwas zu, und es faßt etwas. Die Monade ist der Umschlags-
punkt dieses Wechselverhältnisses. Der anschließende Satz
setzt die Umkehrung der Blickrichtung auch in Hinblick auf
den Terminus Stillstellung fort, denn erschien diese am Anfang der These als Handlung des Denkens, so heißt es nun,
daß der historische Materialist in der monadischen Struktur
des ihm konstellativ entgegentretenden Gegenstandes das
Zeichen einer messianischen Stillstellung des Geschehens erblickt: die Stillstellung wird nicht denkend hervorgebracht,
sondern wahrgenommen[87]. In der monadischen Struktur er-

---

87 Völlige Begriffsverwirrung herrscht bei *Kittsteiner*, wenn er
— wohl in Anknüpfung an die Vorstellung des Chocs in der
XVII. These — angesichts der persönlichen und politischen Lage
Benjamins von »chochaft oktroyierter Theologie« (Thesen. S.
251) und »oktroyierte(r) Stillegung des Denkens« spricht
(Thesen. S. 247). Der Choc ist nichts, was Benjamin passiert ist;

blickt der historische Materialist das Zeichen einer revolutionären Chance im »Kampf für die unterdrückte Vergangenheit«, weil in der monadischen Struktur der Akt schon angelegt
ist, den der Historiker vollbringt. Er nimmt sie — die monadische Struktur und in ihr die revolutionäre Chance —
wahr, »um eine bestimmte Epoche aus dem homogenen Verlauf der Geschichte herauszusprengen, so sprengt er ein bestimmtes Leben aus der Epoche, so ein bestimmtes Werk aus
dem Lebenswerk«. Monade ist das Herausgesprengte, weil
»*im* Werk das Lebenswerk, *im* Lebenswerk die Epoche und
in der Epoche der gesamte Geschichtsverlauf aufbewahrt ist
und aufgehoben«. Die Monade spiegelt die Schöpfung in
einem Punkt[88]. Eine revolutionäre Chance wahrt dieses konstellative Heraussprengen geschichtlicher Momente, weil »die
wahrhafte Frucht des historisch Begriffenen ... die Zeit als
den kostbaren, aber des Geschmacks entratenen Samen in
ihrem Innern« hat. Das historisch Begriffene als festgehaltenes Wahrheitsmoment in nahrhafte Frucht, Kraft im Klassenkampf; ihr Kern aber ist, infolge der monadischen Struktur
des Begriffenen, nicht nur das Besondere des historisch
Einzelnen, sondern das in ihm mitbegriffene Ganze — ein
Zeitkern, der alle Geschichte in sich enthält als fruchtbar
gewordene, damit Gegensatz zur homogenen und leeren Ver-
laufszeit, ein Samen, kostbar als Ursprung vielfältiger Frucht.
Gegenüber dem äußeren Fruchtfleisch mit seinem spezifischen
Geschmack und seiner im Augenblick wirksam werdenden
Nahrhaftigkeit ist er Anweisung auf Kommendes; ohne Geschmack, weil im Zeitkern Zeit überhaupt als Möglichkeit,
nicht nur der bestimmte historische Gegenstand, die bestimmte Epoche, das bestimmte Leben, das bestimmte Werk

sein Denken erteilt den Gegenständen einen Choc und nimmt
damit eine Chance im Kampfe für die unterdrückte Vergangenheit wahr. Die Stillstellung des Geschehens ist für Benjamin
messianisch, indem sie eine revolutionäre Chance im Kampf für
die unterdrückte Vergangenheit enthält.

88 Vgl. *W. B.*, Ursprung des deutschen Trauerspiels. (Schriften. Bd.
I. S. 164): »Die Idee ist Monade — das heißt in Kürze: jede
Idee enthält das Bild der Welt.«

gegenwärtig ist. Daß die revolutionäre Chance in der messianischen Stillstellung des Geschehens liegt, deren Zeichen die
monadische Struktur historischer Gegenstände ist, meint zuletzt nicht nur: Stillstellung sei Chance, aus dem Kontinuum
der Geschichte auszubrechen in einer absoluten Aktion, es
weist darüber hinaus auf den Grundzug der »Thesen«, nicht
eine Zukunft der Eröffnung unendlicher Anfänge, sondern
eine zukünftige Erfüllung alles Gewesenen zu meinen. Die
Stillegung ist messianisch als Handlungs- und Erkenntnischance; das Messianische ist Stillegung als Einholung und
Überholung alles Handelns und Erkennens. Das ist das gleiche
Verweisungsverhältnis wie zwischen apokalyptischer Zerstörung und messianischem Untergang.

Der Vergleich aus der Entwicklungsgeschichte des Lebens
in der XVIII. These präzisiert nochmals die Jetztzeit-Vor-
stellung Benjamins im Hinblick auf messianische Endzeit.
Wenn schon die Geschichte der zivilisierten Menschheit nur
ein Fünftel der letzten Sekunden der letzten Stunde der Geschichte des organischen Lebens auf der *Erde* ausmacht, wie-
viel mehr punktuell noch ist Jetztzeit, »die als Modell der
messianischen in einer ungeheuren Abbreviatur die Geschichte der ganzen Menschheit zusammenfaßt«, wenn sie
haarscharf mit der Figur zusammenfällt, die die Geschichte
der Menschheit im *Universum* macht. Jetztzeit ist Modell der
messianischen in dieser Punktualität, weil in ihr Zeit sich so
zusammenballt, wie sie sich in der messianischen Zeit in
Ewigkeit auflöst; sie ist ferner Modell der messianischen,
weil in ihr in einer ungeheuren Abbreviatur die Geschichte
der ganzen Menschheit anwesend ist — als auf den Höhepunkt
und zur Entscheidung getriebene, während die messianische
Zeit die Geschichte der ganzen Menschheit versammelt nicht
nur in Abbreviatur und nicht mehr nur als zur Entscheidung
gestellt, sondern realiter als gerettete. Das Modell ist also
nicht nur quantitativ, sondern auch qualitativ von dem, was
es vorbildet, verschieden: dessen Darstellung in Kontrafrak-
tur. Teil A der XVIII. These verdeutlicht abermals das konstellative Element der Benjaminschen Geschichtsphilosophie

im Gegensatz zum Historismus. Jetztzeit ist in Konstellation
mit Begebenheiten, die Jahrtausende zurückliegen können,
die in der Konstellation ihrerseits zu Jetztzeiten in Konstellation mit anderen werden. Jetztzeit und Geschichte unter-
scheiden sich von bloßer Gegenwart und bloßem Gewesenen
durch das konstellative Verhältnis, in dem sie Jetztzeit und
Geschichte werden. Teil A der XVIII. These verdeutlicht darüber hinaus den qualitativen Unterschied zwischen Jetztzeit
als Modell der messianischen und dieser selbst in einem Bild,
das wiederum in Spannung zur Vorstellung des Modellver-
hältnisses steht — immer wieder zeigt sich ein Zug der Zerrüttung in der gläsernen Bildlichkeit Benjamins, der Darstellungsprinzip ist: In Jetztzeit sind Splitter der messianischen eingesprengt, nicht einfach in dem Sinne, daß in Jetztzeit schon etwas Messianisches anwesend wäre; vielmehr in
dem Sinne, daß der Jetztzeit, indem sie aus dem Kontinuum
der Geschichte herausgesprengt wird, ein Splitter des Messianischen einschießt, ein Splitter, der schmerzhaft zu Bewußtsein bringt, daß er nicht das Ganze ist: Messianisches als
Schmerz einer Anwesenheit, die Entbehrung und Erwartung
ist. Denn solange das Messianische nicht ganz da ist, ist es
nicht da. Einstand der Geschichte in Jetztzeit ist Inanspruch-
nahme messianischer Hoffnung, nicht deren Befriedigung.
Daß vom Historiker gesagt wird: »Er erfaßt die Konstellation,
in die seine eigene Epoche mit einer ganz bestimmten früheren getreten ist«, meint nicht den gängigen Epochebegriff
der Geschichtsschreibung, so als trete etwa eine Epoche Gegenwart nur mit einer einzigen früheren, z. B. dem 19. Jahr-
hundert, in Konstellation — dagegen spricht schon die Wendung von Benjamins eigener Historiographie zu Erscheinungen verschiedener historischer Epochen wie barockes Trauerspiel, Goethe, Baudelaire; vielmehr ist Epoche hier als
Ergebnis jenes Zusammenfalls von Finden und Konstruieren
zu verstehen, von dem die XVII. These spricht. Jede Begründung und Erfassung von Jetztzeit ist ἐποχή im Sinne der
Chronologie: als Stillstellung, und im Sinne der Astrologie:
als Konstellation, mit der die Möglichkeit zur Begründung

und Erfassung neuer Jetztzeiten heraufkommt. Was die Versammlung solcher erlöster Geschichtsmomente von der am Ende erlösten Geschichte unterscheidet, ist, daß diese auch als Vielheit punktuell bleiben wie Sterne in Sternbildern, nicht zum Ganzen der ganzen Geschichte zusammenschießen.

Teil B der XVIII. These läßt, von Erwartung redend, die »Geschichtsphilosophischen Thesen« in die Haltung der Erwartung einmünden. Die II. These hatte davon gesprochen, daß wir von den gewesenen Geschlechtern auf Erden erwartet worden sind in unserer schwachen messianischen Kraft. Jetzt schließt sich der Bogen der »Thesen« in der Rede davon, wie auf den Messias zu warten ist, und zum letzten Mal fassen die »Thesen« Einsicht in einem vorüberhuschenden Bild der Vergangenheit — *der* Vergangenheit, der die theologischen Vorstellungen insgesamt entnommen sind, in denen die »Thesen« sich bewegen: des Judentums. In kontrastierendem Vergleich wird die jüdische Haltung des Eingedenkens der heidnischen Wahrsagerei gegenübergestellt. Gemeinsam ist der Wahrsagerei der Zukunft und dem Eingedenken der Vergangenheit, daß sie Konstellationen herstellen oder finden — die Wahrsagerei in der Zukunft, das Eingedenken in der Vergangenheit. Beide Haltungen erfahren Zeit weder als homogen noch als leer. Im übrigen aber sind Wahrsagerei und Eingedenken radikal unterschieden, denn die bei den Wahrsagern Auskunft holen, verfallen der Zukunft, verlieren ihre Aktivität, erwarten das Eintreffen bestimmter Vorgänge und Ereignisse als notwendig und unvermeidlich. Die Eingedenkenden aber entzaubern die Zukunft und machen sie gerade dadurch zur Zukunft des Messias, »denn in ihr war jede Sekunde die kleine Pforte, durch die der Messias treten konnte«. Benjamin, der historische Materialist, entscheidet sich für das Eingedenken der alten Juden. Er ist, mit einem Wort der Romantiker, Historiker als rückwärtsgewandter Prophet. Und noch eine andere Rückwärtswendung erläutert sich aus dieser Erläuterung des jüdischen Eingedenkens, wie es den »Thesen« zugrunde liegt: Daß der Engel der Geschichte in der IX. These nicht in die Zukunft blickt, bestätigt ihn als

Boten des Messias. Weil er nach rückwärts blickt, kann jede
Sekunde im Rücken des Engels der Geschichte der Messias
eintreten.

Damit ist die Überlegung am »Theologisch-politischen
Fragment« angelangt, das in seinen Anfangssätzen wie eine
Komprimierung der Gedankenkonstellation der »Geschichtsphilosophischen Thesen« anmutet: »Erst der Messias selbst
vollendet alles historische Geschehen, und zwar in dem Sinne,
daß er dessen Beziehung auf das Messianische selbst erst
erlöst, vollendet, schafft. Darum kann nichts Historisches von
sich aus sich auf Messianisches beziehen wollen. Darum ist
das Reich Gottes nicht das Telos der historischen Dynamis;
es kann nicht zum Ziel gesetzt werden. Historisch gesehen
ist es nicht Ziel, sondern Ende. Darum kann die Ordnung
des Profanen nicht am Gedanken des Gottesreiches aufgebaut
werden, darum hat die Theokratie keinen politischen, sondern
allein einen religiösen Sinn.« Was kann nun aber zum Telos
gesetzt werden, an welcher Idee kann die Ordnung des Profanen aufgerichtet werden? In der Beziehung dieser Idee,
dieser Ordnung auf das Messianische sieht Benjamin »eines
der wesentlichen Lehrstücke der Geschichtsphilosophie«. Er
begründet in ihr seine Geschichtsauffassung, die er mystisch
nennt. Frage und Antwort, die im Hegel-Motto der VI. These
sich andeuten, werden im »Theologisch-politischen Fragment«
entfaltet. »Trachtet am ersten nach Nahrung und Kleidung,
dann wird euch das Reich Gottes von selbst zufallen«, hatte
es dort geheißen. Das »Theologisch-politische Fragment« bestimmt umfassend: »Die Ordnung des Profanen hat sich auf-
zurichten an der Idee des Glücks.« Sie ist zum Telos der
historischen Dynamis zu setzen. Für das Verhältnis der Dynamis des Profanen zum Kommen des messianischen Reiches
greift Benjamin wieder zu einem Bild: »Wenn eine Pfeilrich-
tung das Ziel, in welchem die Dynamis des Profanen wirkt,
bezeichnet, eine andere die Richtung der messianischen Intensität, so strebt freilich das Glückssuchen der freien Menschheit von jener messianischen Richtung fort, aber wie eine
Kraft durch ihren Weg eine andere auf entgegengesetzt gerich-

tetem Wege zu befördern vermag, so auch die profane Ordnung des Profanen das Kommen des messianischen Reiches.« Das indirekte Befördern des Reiches, auch im Hegel-Motto der IV. These angesprochen, bekommt hier einen sehr viel weiter reichenden Sinn. Nicht nur ist das Zufallen des Gottesreiches Antwort auf das Streben nach dem Profanen; das Profane selbst ist auf das Gottesreich mittelbar bezogen, »zwar keine Kategorie des Reichs, aber eine Kategorie, und zwar der zutreffendsten eine, seines leisesten Nahens. Denn im Glück erstrebt alles Irdische seinen Untergang, nur im Glück aber ist ihm der Untergang zu finden bestimmt.« Im letzten Satz drückt sich der von Benjamin in Anspruch genommene mystische Zug seiner Geschichtsauffassung aus: es ist eine mystisch-enthusiastische Vorstellung, daß im Glück das Irdische in Intentionslosigkeit und Hingabe unterzugehen strebt — als begrenztes, individuelles, sich selbst wollendes —, so wie die Engel der talmudischen Legende nach ihrem Gesang alsbald untergehen, und zwar, wie die beiden sonst voneinander abweichenden Zitationen der Legende bei Benjamin übereinstimmend sagen, in nichts[89]. Dieses Nichts ist nicht eines der Leere, sondern der Fülle — das »Theologisch-politische Fragment« nennt es: Unsterblichkeit, Ewigkeit eines Unterganges; Untergang, sofern Erfüllung Ende ist, Ewigkeit, sofern dieses Ende nichts außer sich läßt, auch nichts an Zeit[90].

89 Karl Kraus. in: *W. B.*, Schriften, Bd. 2, S. 195. — *W. B.*, Angelus Novus. Ausgewählte Schriften, Bd. 2, S. 374.
90 *H. H. Holz* sagt: »In einer strengen Analogie dazu ... wäre die Erfüllung der Sprache das Verstummen: denn wo ein Sinn voll ausgesagt ist und keiner Interpretation mehr bedarf, hört die Sprache auf...« (Philosophie als Interpretation. S. 242) *Kittsteiner* drückt sich an der Schwierigkeit der Stelle vorbei, wenn er paraphrasiert: »... im Namen des Glücks sind bislang nicht nur alle historischen Gebilde negiert worden, im Namen des Glücks soll auch das gesamte Kontinuum der Geschichte verabschiedet werden, derart in Glück untergehend« (Thesen. S. 245). Aber nicht nur das Kontinuum der Geschichte, alles Irdische erstrebt im Glück seinen Untergang, und es wäre ein bloßer Trick, formal-dialektisch zu interpretieren, daß im vollen Glück das

Allein im Glück aber kann Untergang sein, da auch das Tote, solange Geschichte dauert und Hoffnung bewahrt wird, nur scheinbar tot ist, in Wirklichkeit mit jeder Wendung der Geschichte sich verändert. Es gibt keine Erlösung am Glück vorbei. Damit stellt sich eine Beziehung zur Aussage der II. These her: In der Vorstellung des Glücks schwingt, wie die II. These sagt, Erlösung mit, weil nur Erlösung auch das Versäumte noch einholen kann. Erlösung ist Erlösung zum Glück, Erlösung des Glücks. In der Vorstellung des Glücks schwingt aber auch dergestalt Erlösung mit, daß das Glückssuchen der Menschheit durch das Glück über das Glück hinaus will, das alles Glück sprengende Glück der Erlösung meint: untergehen und aufgehen zu dürfen im Endgültigen, Intentionslosen.

Daß im »Fragment« vom Glückssuchen der *freien* Menschheit die Rede ist, darf nun aber nicht im Sinne eines Stufengangs der Menschheit verstanden werden: erst geschichtsimmanente siegreiche Beendigung des Klassenkampfes aus eigener Kraft der unterdrückten Klasse, dann klassenlose Gesellschaft freier Menschen, dann Erscheinen des Messias — denn dann wäre es sinnlos, jede Sekunde das Eintreten des Messias zu erwarten, wie die XVIII. These ausführt. Er käme mit Sicherheit nicht, solange die klassenlose Gesellschaft nicht hergestellt ist; wenn er aber käme, brauchte er nicht als Überwinder des Antichrist zu kommen, denn wer sollte der

Irdische aufhört, irdisch zu sein, messianisch wird und dadurch als Irdisches untergeht: weder die Beziehung des Angelus Novus auf die talmudische Legende, noch der Anspruch *Benjamins* auf eine mystische Geschichtsauffassung, noch die Ekstase der Rede von Vergängnis wären von hier aus verständlich. — Eine krasse Fehlinterpretation *Benjamins* findet sich bei *Helmut Salzinger* (Walter Benjamin — Theologe der Revolution, in: Kürbiskern 4/68, S. 629—647, dort S. 640), wenn er ausführt: »Sinnvoll kann von einem Ziel der Geschichte nur theologisch gesprochen werden: es ist das Reich Gottes, das die Idee des Glücks für eine befreite Menschheit verwirklicht.« Weder ist das Reich Gottes Ziel der Geschichte, noch verwirklicht es die Idee des Glücks.

sein außer einer herrschenden Klasse, in der sich alles an Herrschaft zusammenballt, was Geschichte je verdüstert hat; der Messias erschiene der klassenlosen Gesellschaft allenfalls als einer, der glücklichen Leuten noch eine schöne Sonntagspredigt hielte. Selbst abgesehen vom »Theologisch-politischen Fragment« — auch die gesamte apokalyptische Energie der »Thesen« liefe leer, und der Engel der Geschichte bekäme vor ihrem Ende noch etwas Schönes zu sehen. In Wirklichkeit ist die freie Menschheit, von der Benjamin spricht, keine zukünftige; sie kann gedacht werden als repräsentiert in der kämpfenden unterdrückten Klasse selbst, soweit sie Jetztzeit ergreift und damit an der Aufrichtung der profanen Ordnung des Profanen arbeitet. Dieses Ergreifen, dieses Kämpfen, dieses Arbeiten ist Voraussetzung für das Erscheinen des Messias, nicht der errungene Sieg in der letzten Revolution. Von den Herrschenden als Siegern ist in der IV. und VI. These die Rede, »und dieser Feind hat zu siegen nicht aufgehört«. So eng ist bis zur Erscheinung des Messias der Sieg mit den Herrschenden verbunden, daß in der IV. These, wenn dort ganz allgemein von Siegern die Rede ist, von vorn herein die Herrschenden gemeint sind, denn sie sind es, denen Siegesbeute zufällt, nicht etwa die Unterdrückten als letzte Sieger, weil denen eben Beute nicht zukommt, sondern das Gottesreich als Kraft, das sie zu Siegern macht. Nicht als Sieger werden die Unterdrückten erlöst; vielmehr werden sie als Erlöste Sieger sein, und alle Erfolge bis dahin sind lediglich punktuelle Vorgriffe auf diesen Jüngsten, den letzten Tag. Im Kommen des Messias findet der letzte Sieg in der letzten Revolution statt[91], mit dem »die rächende Klasse . . . das Werk der Befreiung im Namen von Generationen Ge-

---

91 In diesem Sinne müßten die Aussagen von *Herbert Marcuse* präzisiert und revidiert werden, Erlösung bei *Benjamin* sei »ein materialistisch-politischer Begriff: der Begriff der Revolution.« (*H. M.*, Nachwort zu W. B., Zur Kritik der Gewalt und andere Aufsätze, ed. suhrkamp 103, S. 99—107, dort S. 101); der Messias sei »nur im Willen und Tun derer, die am Bestehenden leiden, der Unterdrückten, für Benjamin: im Klassenkampf.« (ebd. S. 105).

schlagener zu Ende führt« (XII), und dieser Sieg ist mehr als Sieg, er ist Erlösung und Vollendung: Die klassenlose Gesellschaft ist überholt in dem Augenblick, in dem sie erreicht ist.

Sind Messianismus und Klassenkampf unlösbar miteinander verklammert, dergestalt, daß es ohne Kampf keinen Messias, ohne Erscheinen des Messias aber auch keinen letzten Sieg im Klassenkampf gibt, so ist eine weitere Verschränkung in der unmittelbaren messianischen Intensität des Herzens gegeben, die von der nur mittelbaren messianischen Richtung aufs Glück differiert. Die unmittelbare messianische Intensität ist Intensität des »inneren einzelnen Menschen«, die »durch Unglück, im Sinne des Leidens hindurchgeht«. Sie will nicht, daß Glück sei; sie will, daß Leid aufhöre. Ihre Sehnsucht, die auf den Messias, den Erlöser und Überwinder geht, schärft sich an der Erfahrung des vorhandenen Elends der Geschichte, die als Leid Erfahrung einzelner ist — Kollektive leiden nicht —, und die deshalb als Sehnsucht nach Erlösung auch Sehnsucht einzelner ist, die alle zusammen aber Menschheit, repräsentiert in der kämpfenden unterdrückten Klasse, zu sein bestimmt sind. Die Leidenserfahrung einzelner kann beitragen zum Ringen der Kollektive ums Glück, und so ist nicht nur die Richtung aufs Glück indirekt messianisch, sondern die messianische Richtung indirekt auch eine aufs Glück, wenngleich sie nicht darauf wartet, sondern auf die letzte Heimholung, das Reich Gottes als Reich der Unsterblichkeit. Die geistliche restitutio in integrum führt in diese Ewigkeit der Unsterblichkeit ein; im theologischen Terminus faßt sich wie in einem Brennpunkt das auf Abschluß, nicht Neubeginn Zielende von Benjamins Geschichtsphilosophie zusammen, um so mehr, als der Terminus alsbald parallel noch einmal aufgenommen wird: Die weltliche restituio in integrum führt in die Ewigkeit des Untergangs im Glück, die Unsterblichkeit als Entgrenzung und Intentionslosigkeit, als Untergang herstellt. Denn »der Rhythmus dieses ewig vergehenden, in seiner Totalität vergehenden, in seiner räumlichen, aber auch zeitlichen Totalität vergehenden Weltlichen, der Rhythmus der messianischen Natur, ist Glück«. Die Rhythmisierung, die Emphase dieses in einer Klimax sich aufschwingenden Satzes deuten noch einmal darauf hin, daß die Ewigkeit dieses Untergangs ein enthusiastisches Phänomen der Vergängnis meint, »denn messianisch ist die Natur aus ihrer ewigen und totalen Vergängnis«, deren Verhältnis zur Entbindung der Natur, wie sie die XI. These denkt, analog zum Verhältnis von Erlösung und Glück vorgestellt werden kann: Entbindung wird überschritten in Vergängnis. Natur wie Glück haben ihre Grenze wie ihre Weite darin, daß sie überschritten werden müssen, aber auch überschritten werden wollen. Diese Vergängnis zu erstreben, »auch für diejenigen Stufen des Menschen, welche Natur sind« — im Unterschied wohl zur unmittelbaren messianischen geistigen Intensität des Herzens — ist die Aufgabe der Weltpolitik, »deren Methode Nihilismus zu heißen hat«; *Nihilismus*, weil diese Methode eben in der Annihilierung des Kontinuums der Geschichte indirekt auf Annihilierung des Irdischen im Glück gerichtet ist. *Aufgabe der Weltpolitik* ist dieser Nihilismus als Handlungsaufgabe der nach Freiheit strebenden Menschheit. Neben den *geschichts*philosophischen, das heißt Geschichte deutenden »Thesen« steht ein »Theologisch-*politisches* Fragment«, in dem das Verhältnis von theologischem Messianismus und politischem Handeln zur Aufrichtung der Ordnung des Profanen thematisiert wird: ein Fragment, weil die Form des Bruchstücks auf die Unvollkommenheit alles Irdischen verweist, dem der Messias noch nicht erschienen ist.

Die integrale Interpretation der »Geschichtsphilosophischen Thesen« und des »Theologisch-politischen Fragments« erlaubt eine klare Antwort auf die Frage nach dem Verhältnis von Marxismus und Theologie in diesem Denken und damit über seine Eigentümlichkeit. Es kann nicht davon die Rede sein, wie Kittsteiner will, Glückssuche und Heraufkommen des messianischen Reiches hätten bei Benjamin »genuin nichts miteinander zu tun«[92]. Das Genuine ihrer Beziehung ist ein

92 *Kittsteiner*, Thesen. S. 245.

Kern von Benjamins Geschichtsphilosophie. Es kann ebenso
nicht die Rede davon sein, wie Kittsteiner will, Benjamin
begreife »die mystische Seite (seiner Geschichtsphilosophie)
als in der rationalen aufhebbar«[93]. Weder kann man eine
Seite in einer anderen aufheben, noch ist das Reden von
Seiten der Geschichtsphilosophie Benjamins überhaupt angemessen, noch wird Mystik in Rationalismus aufgehoben.
Wenn Benjamin die Geschichtsauffassung, die von seiner Geschichtsphilosophie bedingt ist, insgesamt als mystisch bezeichnet, weiß er, was er tut: Messianismus, Eschatologie, Mystik
sind der übergreifende Horizont seiner Geschichtsdeutung.
Auch Hans Heinz Holz liest Benjamins »Thesen« verkehrt
herum, wenn er meint: »Wie das innerweltlich verwirklichte
Glück dann den Umschlag in die messianische Aufhebung
der Geschichte einleiten soll, ist eine eher mystische als philosophische Perspektive ...«[94]. Schon diese Unterscheidung von
mystischer und geschichtsphilosophischer Perspektive bei
Benjamin ist unzulässig. Holz hebt durchaus zu Recht hervor,
Benjamin trenne die Intention auf eine innerweltliche best-
mögliche Gesellschaftsordnung und das Nahen des Gottesreiches[95], er stelle die Differenz von theologischem und pro-
fanem Denken heraus[96], der Schluß aber, Benjamin habe »die
einzigmögliche *geschichtliche* Verwirklichung des eschatologischen Archetyps in die Profanität hineingenommen, die messianische Theologie also als außerweltlichen Grenzfall (Ex-
tremalwert) des Utopischen (mit Berufung auf Bloch) erkannt
und politisch ausgeschieden[97]«, ist falsch. Benjamin trennt
nicht nur in seiner Geschichtsphilosophie theologisches und
profanes Denken, Gottesreich und profane Ordnung; er setzt
sie ebendort auch wieder in unlösliche Beziehung zueinander.
Er begründet in ihrer Trennung ihre Eigenständigkeit und
Eigenwirklichkeit wie ihre Verschränkung, so daß die messia-

---

93 ebd., S. 245.
94 *Holz*, Philosophie als Interpretation. S. 242.
95 ebd., S. 242.
96 *Holz*, Prismatisches Denken, S. 106.
97 ebd., S. 106.

nische Theologie als außerweltlicher »Grenzfall« höchste politische, Politik als »Grenzfall« höchste theologische Valenz gewinnt[98]. Politik kann in dieser Geschichtsphilosophie ohne den Grenzwert des Theologischen und Theologie ohne den Grenzwert des Politischen nicht gedacht werden. So fließt bei Benjamin aus der Trennung zwischen Gottesreich und profaner Ordnung gerade die Freisprechung der Profanität von einer innergeschichtlichen Verwirklichung des eschatologischen Archetyps, aber die Profanität ist Index für das leiseste Nahen des Gottesreiches, sie steht im Lichte der Eschatologie. Der Bezug der Geschichte aufs Messianische, der bei Benjamin im Eingedenken erfahren wird, »ist Theologie; aber im Eingedenken machen wir eine Erfahrung, die uns verbietet, die Geschichte grundsätzlich atheologisch zu begreifen, so wenig wir sie in unmittelbar theologischen Begriffen zu schreiben versuchen würden«[99]. In der Trennung bei Vereinigung von Theologischem und Atheologischem, Geistlichem und Weltlichem liegt das eigentümlich Theologische von Benjamins Konzeption, das sich auch an seiner Ablehnung von Säkularisierungen zeigt, die theologische Kategorien auf genuin Weltliches übertragen und damit sowohl der Theologie wie der Welt nicht ihre Eigenqualität lassen. So polemisiert die XI. These gegen die Vorstellung der Arbeit als des Heilands der neuen Zeit, die XII. These gegen das Verständnis der Arbeiterklasse als Erlöserin zukünftiger Generationen[100].

98 Vgl. *Benjamins* Brief an *Gerhard Scholem* vom 29. Mai 1926 *(W. B.* Briefe. Hg. und mit Anmerkungen versehen von *Gershom Scholem* und *Theodor W. Adorno,* 2 Bde, 1966, Bd. I, S. 425). Dort sagt Benjamin: »Einen Unterschied dieser beiden Observanzen [der religiösen und der politischen, Anm. *G. K.*] in ihrer Quintessenz gestehe ich nicht zu. Ebensowenig jedoch eine Vermittlung. Ich spreche hier von einer Identität, die sich allein im paradoxen Umschlagen des einen in das andere (in welcher Richtung immer) und unter der unerläßlichen Voraussetzung erweist, daß jede Betrachtung der Aktion rücksichtslos genug, und radikal in ihrem Sinne verfährt.«

99 Zit. *Tiedemann,* Studien, S. 118, aus dem Passagen-Manuskript.

100 Anders liegt der Fall natürlich, wo *Benjamin* den Begriff der Säkularisierung lediglich als historische Beschreibungskategorie

Benjamin selbst verwendet theologische Kategorien nur da,
wo er Theologisches meint — seine Geschichtsphilosophie im
ganzen, die in der messianischen Aufhebung der Geschichte
terminiert, oder deren messianische Züge, soweit sie gegen
die Profanität abgesetzt sind. So meint die acedia des Historismus in der VII. These wirklich die Vergessenheit des messianischen Bezugs in der Geschichte; die Bestimmung der
Thesen zur Meditation in der X. These meint wirklich die
Erweckung des »politischen Weltkindes« zu einer Geschichtsphilosophie mit theologischen Implikationen. Erlösung meint,
indem sie durch das Glück über das Glück hinauszielt, wirklich Erlösung.

Das ist auch gegen Theodor W. Adornos Deutung von
Benjamins Verhältnis zur Theologie als »rückhaltlose Säkularisierung«[101], gar als »Profanisierung«[102] einzuwenden,
gegen die Erwägung der Möglichkeit, Benjamins Verhältnis
zur neuplatonischen und antinomistisch-messianischen Überlieferung sei das der Pseudepigraphie[103]. Adorno charakterisiert in solchen Äußerungen sein eigenes unbestimmt schwebendes Verhältnis zur jüdischen Theologie, das im Ausfall
der Unterscheidung zwischen Geistlichem und Weltlichem bei
Übertragung theologischer Kategorien, etwa der des Bilderverbots, auf das Ganze oder einzelne Momente seiner Philosophie besteht[104]. Adorno kennt nicht Benjamins Ausgliede-
rung des Profanen, die negativ das Geistliche als Kategorie

verwendet — etwa in »Das Kunstwerk im Zeitalter seiner technischen Reproduzierbarkeit« oder im »Ursprung des deutschen
Trauerspiels«.

101 *W. B.*, Schriften, Bd. I, Einleitung S. XXII.

102 *Adorno*, Charakteristik Walter Benjamins, S. 577.

103 ebd., S. 576.

104 Vgl. *Burkhardt Lindner*, Natur — Geschichte — Geschichtsphilosophie und Welterfahrung in Benjamins Schriften, in:
Text + Kritik. Zeitschrift für Literatur. H. 31/32. 1971, S. 41—
58, dort S. 55: »Während Adorno, Horkheimer und Marcuse
theologische Hoffnungen in einer materialistischen Theorie zu
säkularisieren suchen, sucht Benjamin seine theologischen Im-
pulse soweit wie möglich der materialistischen Dialektik zu
verbünden, sie damit aber zu erhalten. . . . Die materialistische

konstitutiert. Zwar ist Adornos Philosophie Metaphysik, insofern sie das Andere, die Wahrheit, das intentionslose Sein, das Absolute dem schlechten Vorhandenen so streng entgegensetzt, daß es weder erkannt, noch benannt noch erlangt werden kann. Er spricht in der »Negation Dialektik« von der »Konvergenz aller Gedanken im Begriff von etwas, das anders wäre als das unsäglich Seiende, die Welt«[105]. Diese Welt aber ist nicht eigenständig profan im Sinne durchzuhaltender positiver Profanität. Sie ist bei Adorno lediglich negativ bestimmt — als Status der Defizienz; als das, worin das Andere nur in Seinsminderung erscheint; als das, welches nur in Seinsminderung sich aufs Andere beziehen kann. »... das Seiende wird ... in den Brüchen, welche die Identität Lügen strafen, durchsetzt von den stets wieder gebrochenen Versprechungen jenes Anderen«[106]. Diese Metaphysik ist keine Theologie, weil sie das Andere lediglich als das Entbehrte im Vorhandensein meint, als vollkommenes, nicht zerrüttetes Sein, als ganzes, nicht fragmentarisches Glück. Nicht so Benjamin, wie ebenso seine Bejahung des Ringens um eine profane Ordnung wie seine Bestimmung der Erlösung als Untergang des Irdischen, der im Glück erstrebt wird, wie seine Bestimmung des Messianischen der Natur aus ihrer ewigen und totalen Vergängnis ausweist. Bei Benjamin ist die Welt Kampfplatz eines profanen Klassenkampfes im eschatologischen Horizont; bei Adorno ein in sich kreisender Unheilszusammenhang, als Unheil zu ermessen an einem Heil, das als archimedischer Punkt gegenüber bleibt. Weil das Licht der Erlösung bei Adorno nur am geminderten Sein als gemindertes Licht aufblitzt, den Unheilszusammenhang erhellend in der apparition der Kunst, mündet seine Philosophie in Ästhetik. Weil Benjamin die reale Möglichkeit der Erlösung und ihre Ermöglichung durch menschliches Handeln meint, mündet seine Philosophie in Geschichtsphilosophie, die in aufblitzenden Bildern Ge-

Geschichtsphilosophie, die dem Spätwerk zugrunde liegt, ist auf eine messianische Prästabilisierung angewiesen.«
105 *Th. W. A.*, Negative Dialektik, S. 393.
106 ebd., S. 394.

schichte selbst »vor-stellt« und stillstellt: stillstellt, indem sie
sie in Absolutpunkten der Entscheidung sammelt, vorstellt,
indem sie diese Absolutpunkte als Präfigurationen, wenn
auch qualitativ unterschiedene, des Messianischen begreift[107].
In Benjamins historischen Bildern fällt der archimedische
Punkt in die Welt, in die Geschichte hinein. Ihr Blitzhaftes
meint nicht, wie bei Adorno die apparition im Kunstwerk,
das Unfaßbare des Heils, sondern den Blitz der Entscheidung
des Menschen und über den Menschen in ihrer Korrespondenz
im apokalyptischen Gewitter der Endzeit. Zwar setzt auch
Benjamin das Absolute, wie Adorno, als Intentionslosigkeit,
Entgrenzung an, zwar ist es auch für ihn, wie für Adorno,
positiv undenkbar und unaussprechbar[108]; zwar denkt auch

107 Dagegen spricht auch nicht das große Baudelaire-Projekt Ben-
    jamins, das ja im übergreifenden geschichtsphilosophischen
    Rahmen des Passage-Planes stand, eine Urgeschichte des 19.
    Jahrhunderts zu geben. *Tiedemann* nennt allerdings im Nach-
    wort zu *W. B.*, Charles Baudelaire, S. 190, *Benjamins* Theorie
    »eine ästhetische Theorie, keine der Geschichte. Ganz neue
    Aufgaben mit ganz neuen Lösungen kennt die Kunst..., die
    Geschichte kennt dergleichen nicht. Rettung des Vergangenen,
    das ›Eingedenken‹ der mystischen Tradition ist wohl nicht,
    wie Benjamin in den Geschichtsphilosophischen Thesen wollte,
    eine Kategorie der Geschichte. Geschehenes Leiden läßt sich
    nicht wiedergutmachen, die Erschlagenen sind, nach *Horkhei-
    mers* Wort, wirklich erschlagen. An der Idee des Eingedenkens
    mögen die Kunstwerke ihre raison d'être haben...« *Tiede-
    mann* ist aber mit dieser Charakterisierung von *Benjamins*
    Theorie als ästhetisch, nicht geschichtsphilosophisch, nur im
    Recht, sofern er das Messianische von *Benjamins* Geschichts-
    philosophie nicht ernst nimmt. Als messianische kann *Benja-
    mins* Geschichtsphilosophie solche Möglichkeiten für die Ge-
    schichte reklamieren, die von den Voraussetzungen *Adornos*
    her lediglich Möglichkeiten der Kunst sind.
108 »Wer wissen wollte, in welcher Verfassung sich die ›erlöste
    Menschheit‹ befindet, welchen Bedingungen das Eintreten die-
    ser Verfassung unterworfen ist und wann man mit ihm rech-
    nen kann, der stellt Fragen, auf die es keine Antwort gibt.
    Ebensogut könnte er sich danach erkundigen, welche Farbe die
    ultravioletten Farben haben« (aus einem Manuskript zitiert bei
    Tiedemann, Studien, S. 104 f.).

Benjamin, wie Adorno, eine entbundene Natur, aber entscheidend bleibt, wie bei den zahlreichen Anklängen beider
aneinander, das grundsätzlich Unterscheidende: zuletzt, daß
Adorno das Absolute als kommende Natur, Benjamin als
erlöste Geschichte begreift. Intentionslosigkeit oder Entgrenzung sind also bei ihm nur scheinbar das gleiche wie bei
Adorno, denn sie sind bei Adorno von der entstellten Natur,
bei Benjamin von der entstellten Geschichte her gedacht. Die
Natur als seiende aber — und auch kommende Natur ist
bei Adorno als seiende, nicht werdende zu denken — braucht
keinen Messias; die Geschichte als gehandelte braucht ihn:
der zu Ende handelt. Natur erscheint; was der Messias handelt, fällt uns zu: Benjamin nennt deshalb die »wahrhaft
historische« Betrachtung »religiös-pragmatisch«[109].

Deshalb wäre es abwegig zu argumentieren, der Messias
bei Benjamin sei eine bloße Metapher, eine Leerformel. Er
muß, sofern bei Benjamin nicht die Menschheit als Subjekt
der Erlösung gedacht wird, als dieses Subjekt gedacht werden,
und mehr sagt auch Theologie rechtens nicht über ihn aus,
zumal mystische Theologie, die immer als negative Theologie
sich zu artikulieren geliebt hat[110], und zumal jüdische Theologie, der nicht, wie der christlichen, der Messias, und im
Messias Gottvater und göttlicher Geist, wenn auch verhüllt,
bereits offenbar geworden ist. Ihr ist Gott in noch höherem
Maße als dem Christentum der Unbekannte, nur aktuell sich
Bekundende, nur der Erwartung zulängliche, die ihn lediglich als zu erwartenden Gott der Väter weiß. Das ist ein
Sinn des jüdischen Bilderverbots[111]. Das geschichtsphiloso-

109 Aus einem Manuskript zitiert bei *Tiedemann*, Studien. S. 117.
110 *Holz* übersieht dieses Moment der Negativität, wenn er die
    Eignung theologischer Begründungsweisen für die Kategorie
    der Totalität schlechthin betont (Philosophie als Interpreta-
    tion. S. 242). Das Messianische ist für Benjamin nicht einfach
    eine Chiffre für Totalität, sondern für deren Undenkbarkeit
    und Unsagbarkeit. — In diesem Absatz sind Anregungen von
    Dozent *Dr. Horst Turk* eingegangen.
111 Die Rückbezüge von *Benjamins* Messianismus auf die jüdische
    Tradition sind offensichtlich. s. *Gershom Scholems* Ausfüh-

phisch so schwierige, dem Christentum gerade auf Grund
weiterreichender Offenbarungen unumgänglich gestellte Prä-
destinations- und Providenzproblem kann und muß deshalb
von der jüdischen Theologie nicht in gleicher Intensität und
Extensität systematisch bearbeitet werden. Auch Benjamin
stellt sich dieses Problem nicht, obwohl es sich in seiner
Geschichtsphilosophie stellt. Daß Erlösung der Geschichte
notwendig ist, nimmt diese aus der alleinigen Verantwortung
des Menschen heraus. Der Mensch verantwortet, daß und ob
die Voraussetzung der Erlösung besteht. Die Notwendigkeit
der Erlösung wird vom Erlöser verantwortet. Im Judentum

rungen »Zum Verständnis der messianischen Idee im Judentum. Mit einer Nachbemerkung: Aus einem Brief an einen pro-
testantischen Theologen« (in: G. S., Über einige Grundbegriffe
des Judentums, ed. suhrkamp 414, S. 121—170). Im jüdischen
Messianismus ist die Auffassung der Erlösung als ein Vor-
gang vorgebildet, »welcher sich in der Öffentlichkeit vollzieht,
auf dem Schauplatz der Geschichte und im Medium der Ge-
meinschaft« (ebd. 121). Desgleichen findet sich hier ein Ineinander von Utopie und Restauration (ebd. 124), das Übergangs-
lose am Übergang zum messianischen Reich (ebd. 130), die
Gottesunmittelbarkeit jedes Tages; Scholem zitiert einen talmudischen Lehrer des 3. Jahrhunderts: ‹Wenn Israel auch nur
einen Tag Buße täte, so würden sie sofort erlöst werden, und
es käme sofort der Sohn Davids, denn es heißt(Psalm 95,7)
heute noch, wenn Ihr meine Stimme hört.« (ebd. 134) Scholem
sagt: »Die Bibel und die Apokalyptiker kennen keinen Fortschritt in der Geschichte zur Erlösung hin.« (ebd. 133) »Die
persönliche Gestalt des Messias, in dem der Vollzug der Erlösung konzentriert ist, bleibt bei all dem doch merkwürdig
schwach ... Man möchte fast sagen, seine Gestalt sei überde-
terminiert und dadurch wieder ins Undeutliche geraten... Je-
sus oder der verborgene Imam, die als Personen einmal da
waren, haben das Unverwechselbare und Unvergeßliche der
Person, und gerade das kann seiner Natur nach das jüdische
Messias-Bild nicht haben, an dem alles Personenhafte nur
ganz abstrakt gesehen werden kann, weil ihm eben noch keine
lebendige Erfahrung zugrunde liegt.« (ebd. 142) Selbst ein
»messianischer Aktivismus«, der sich der messianischen Erwartung verschränkt, kann in der jüdischen Tradition gefunden
werden (ebd. 138 ff.).

wäre vielleicht ein Grund dafür zu finden, daß Benjamin in
seiner Geschichtsphilosophie die Freiheit gewinnen konnte,
streng theologisch zu denken, d. h. ohne Inhalte der Erlösung
zu explizieren, die naturgemäß der Säkularisation offenstehen
und den Erlösungsbegriff zum Säkularisat machen müßten,
vor allem in dem Augenblick, in dem Erlösung in Korrespondenz zum Klassenkampf gedacht wird. Benjamin konnte in
seiner Geschichtsphilosophie die Freiheit gewinnen, streng
theologisch zu denken und doch den Menschen ohne Widerspruch zu diesem Ansatz seiner Freiheit zu überantworten.
Das Judentum Benjamins als Bollwerk gegen Säkularisation
— das bezeichnet nicht nur die Differenz zu Adornos säkulari-
siertem Denken, das vom Judentum viel stärker zum neu-
platonisch-gnostischen Emanations- und Depravationsdenken
hin tendiert, dem das Wirkliche ein Abfall vom Wahren ist —
Benjamin denkt dieses Thema des Abfalls kaum; sowohl der
Theologe wie der Marxist in ihm können das Gegebene, nach
dessen Woher und Wohin der Metaphysiker fragt, einfach
als Aufgabe nehmen. Von hier aus bekommt schließlich auch
Benjamins Angriff gegen den Historismus und die Konzen-
tration auf diesen Gegner die Überzeugungs- und Durch-
schlagskraft. Dieser hat in seiner Geschichte einen unüber-
sehbaren religiösen Hintergrund — bis in den von Benjamin
unter religiösem Aspekt bestrittenen, von Herder in die Geschichtsdeutung entfalteten Begriff der Einfühlung[112]. Daß
Benjamin diesen Hintergrund ignoriert, mag zunächst darin
begründet sein, daß er den früheren Historismus von Herder
bis Ranke von späteren Stufen her in den Blick bekommt.
Objektiv liegt im Ignorieren der religiösen Begründungs-
zusammenhänge des Historismus aber auch Distanz zu dessen
Verschleifung der Grenze zwischen Theologie und Saeculum.
Wie die Physikotheologie des 18. Jahrhunderts den Unterschied zwischen Offenbarung im Wort und in der Natur fort-

---

112 Vgl. *Gerhard Kaiser*, Pietismus und Patriotismus im literarischen Deutschland. Ein Beitrag zum Problem der Säkularisation, 2. A. Frankfurt 1973, S. 177.

schreitend abbaut, so der Historismus den Unterschied zwischen Offenbarung im Wort und in der Geschichte. Der Abbau nimmt sein Recht aus der höheren Offenbarkeit des christlichen Gottes gegenüber dem jüdischen, und er ist beim Historismus prekärer als bei Hegel und Marx, die im immanenten Ansatz des Systems immer schon jenseits der Offenbarungskategorie sind. Sie ist bei Hegel dem System appliziert, aber nicht notwendig. So ist auch die Kategorie des Fortschritts im Gebrauch der Sozialdemokratie, verglichen mit dem dialektischen Prozeß bei Hegel und Marx, in hoher Direktheit und Evidenz säkularer Erlösungsersatz in pseudoreligiöser Drapierung, und das wäre wieder eine Begründung dafür, daß Benjamin auch in der Fortschrittspolemik Hegel und Marx nur implizit mit meint, aber nicht nennt.

Für die Säkularisationsproblematik ist jedenfalls festzuhalten, daß Benjamin nicht in die Geistesgeschichte der Säkularisation gehört, sondern in seinem Denken eine Gegenbewegung vollzieht, die Profanität und Messianisches mit aller Schärfe voneinander abhebt. Sowohl die Vorstellung vom Menschen als Objekt der Erlösung wie die von der messianischen Intensität des Herzens als Sehnsucht nach Erlösung wie die von der grundsätzlichen Offenheit der Geschichte auf ein Eschaton hin sind originär jüdisch theologisch, und in diesem Punkt mag denn Adorno doch recht haben, wenn er Benjamin eine »*rettende* Preisgabe der Theologie« zudenkt[113]. Die Verdrängung der Theologie ins Abseits der Benjaminschen Geschichtsphilosophie, wie sie seine marxistischen Interpreten betreiben, entstellt sein Denken noch mehr als die Verdrängung des Klassenkampfes ins Abseits im Benjamin-Verständnis Adornos und seiner Schule. Worin aber liegt die Preisgabe theologischer Positionen bei Benjamin? Sie liegt eben in der Beziehung der Erlösung auf den Klassenkampf, die den Klassenkampf zur Voraussetzung der Erlösung, die Erlösung aber zur Aufhebung des Glücks macht, auf das der Klassenkampf zielt. In dieser Beziehung liegt allerdings zu-

113 *W. B.* Schriften, Bd. I, Einleitung S. XXII.

gleich einer der originellsten Lösungsbeiträge zu dem ebenso
alten wie zentralen wie unlösbaren theologischen Problem
einer Partnerschaft von Gott und Mensch in der Heilsgeschichte. Benjamin bietet eine theologische Lösung, die ihm
durch die Einbeziehung marxistischer und jüdischer Elemente
möglich wird, einen der großen europäischen geschichtsphilosophischen Entwürfe, die seit Augustin in Spannung zur
Theologie entstehen. Benjamin säkularisiert dabei nicht die
Theologie, er theologisiert den Marxismus[114], so daß eben der
wahre historische Materialismus, auf den die erste These hin-
weist und der sich in den »Thesen« darstellt, in Wahrheit die
wahre Theologie ist. Wenn diese These von der Theologie
sagt, daß sie »heute bekanntlich klein und häßlich ist und sich
ohnehin nicht darf blicken lassen«, dann könnte man nach
dem Durchgang durch die »Thesen« und das »Fragment« versucht sein, hier eine Neuformulierung des alten eschatologischen Topos der verkehrten Welt zu lesen, der jüdischer Herkunft ist[115]. Die Umkehrung aller normalen Ordnungen ist
ein Symptom der Endzeit. Die Sonne wird bei Nacht scheinen
und der Mond des Tages. Spuren davon finden sich noch in
der Botschaft Jesu an Johannes den Täufer: »Die Blinden
sehen, die Lahmen gehen, die Aussätzigen werden rein, die
Tauben hören, die Toten stehen auf, den Armen wird das
Evangelium gepredigt.« (Luc. 7, 22; vgl. Matth. 11, 5.) Benjamins »Geschichtsphilosophische Thesen« sind ein eschatologisches, messianisches Ereignis. Sie und nur sie sind der
wahre Marxismus als wahre Theologie. Der Autor Benjamin
objektiviert sich nicht nur, wenn er in den Thesen vom historischen Materialisten spricht, er subjektiviert auch den historischen Materialisten zu Benjamin. Wenn aber Kittsteiner
meint: »Das Verfahren, Benjamin heute theologisch zu interpretieren, hat sein Korrelat in der Negation möglichen Fort-

114 Von »Theologisierung des Materialismus« spricht auch *Horst Rüdiger* (Walter Benjamin im Spiegel, in: Wort und Wahrheit. XI. 1956, S. 245—248, dort S. 248).
115 Vgl. *Rudolf Bultmann*, Das Urchristentum im Rahmen der antiken Religionen, 1949, S. 89, 96.

schritts als gesellschaftlicher Veränderung«[116], dann ist darauf
zu antworten, daß Benjamin Anspruch darauf hat, beim Wort
genommen zu werden, auch von Marxisten, und daß über ihn
hinaus nur durch ihn hindurch gedacht werden kann, wenn
man sich schon mit ihm einläßt, nicht aber an ihm vorbei. Es
wäre eine unzulässige Psychologisierung Benjamins, eine unzulässige Relativierung seines durch Not zu äußersten Positionen getriebenen Denkens, zu meinen, Benjamin habe aus
Verzweiflung an der Zeitsituation zur Theologie gegriffen,
aber Theologie hat es ihm gerade in einer verzweifelten Situation möglich gemacht, gesellschaftliche Veränderung zu denken, einen Fortschritt allerdings als Sprung über den Abgrund.
Wo Benjamin das Problem löst, Freiheit des menschlichen
Handelns und Heilsnotwendigkeit ineinander zu denken,
reißt er ein anderes auf, indem ihm Freiheit und Bedingtheit,
Kontinuität und Setzung in der Geschichte auseinanderbre-
chen. Jeder Augenblick wird der einer möglichen Revolution
im messianischen Licht[117], Weltende wird jeder Augenblick.
Die Einsicht in *diese* Durchschlagung der Geschichte durch
Theologie, allgemeiner gesagt die Einsicht, daß Benjamins
Geschichtsphilosophie als Geschichtstheologie in ihren extremen Voraussetzungen Anspruch auf Glauben erhebt, weist
den Weg zu einer angemessenen Rezeption Benjamins. Sie
impliziert nicht »Negation möglichen Fortschritts als gesellschaftlicher Veränderung«; sie setzt vielmehr frei — wenn auch
nicht unbedingt zum Marxismus.

116 *Kittsteiner*, Thesen, S. 251.
117 Vgl. *Tiedemanns* Nachwort zu W. B., Charles Baudelaire, S.
190, wo er aus einem Manuskript Benjamins zitiert: »In Wirklichkeit gibt es nicht einen Augenblick, der seine revolutionäre
Chance nicht mit sich führte...«

Nachtrag ›Zur Aktualität Walter Benjamins‹

Nach der ersten Drucklegung dieser Arbeit in der Deutschen
Vierteljahrsschrift für Literaturwissenschaft und Geistesgeschichte, 1972, erschien der Sammelband: Zur Aktualität W.
B. s. Aus Anlaß des 80. Geburtstages von W. B., hg. v. Siegfried Unseld. Frankfurt 1972 (=Suhrkamp TB 150). Mit der
titelgebenden Vorlesung von Jürgen Habermas »Bewußtmachende oder rettende Kritik — die Aktualität W. B. s.« (S. 3 bis
221) stimmen meine Ausführungen zwar nicht in der Intention überein, »Benjamins Theorie der Erfahrung ... für
den Historischen Materialismus ›in Dienst zu nehmen‹« (S.
215), wohl aber gibt es Annäherungen in dem Ergebnis, daß
Benjamin selbst »seine messianische Theorie der Geschichte...
gegen Einwendungen des Historischen Materialismus, soweit
diese Puppe nicht einfach in Regie zu nehmen war, immer im-
mun gehalten hat.« (S. 211) Allerdings ist mir dann unbegreif-
lich, wie Habermas zu der Benjamin völlig verkürzenden Glei-
chung »messianisch, d. h. für den Gebrauch der Emanzipation«
kommen kann (S. 201). Die These, daß Benjamin »den Akt
der Interpretation, die aus dem vergangenen Kunstwerk den
punktuellen Durchbruch durch das naturgeschichtliche Kontinuum herausholt und für die Gegenwart aktualisiert, mit den
Insignien der Praxis« »gleichsam belehnt« (S. 213), scheint
mir das Potential an Praxis in Benjamins Geschichtsphilosophie zu unterschätzen und diese zu sehr zum Fluchtpunkt
einer Kunstphilosophie zu machen. Klassenkampf hat in dieser Benjamin-Interpretation keinen Platz mehr. Uneinsehbar
bleibt mir auch die von Habermas bei Benjamin festgestellte
Verlegenheit, »die daraus resultiert, daß aus der rettenden
Kritik keineswegs, wie aus der bewußtmachenden, eine immanente Beziehung zur politischen Praxis zu gewinnen ist.«
(S. 212) Sie scheint mir in den »Geschichtsphilosophischen
Thesen« auf überzeugende Weise hergestellt. Die Beziehung
solcher rettenden, Tradition aktivierenden Kritik zur politischen
Aktivität dürfte enger sein als die der bewußtmachenden, lies
ideologiekritischen, die, wie das Beispiel Theodor W. Adornos
zeigt, im Bewußtsein, selbst schon Praxis, ja die einzig noch
mögliche Form von Praxis zu sein, in letzter Konsequenz dazu
kommen kann, die politische Praxis sich selbst zu überlassen.
Denn sie ist Praxis als Feststellung. Am Beispiel: Wo Benjamin im Rückbezug der Französischen Revolution auf die Antike die wechselseitige Befreiung von Gegenwart und Geschichte durch einander sieht, sieht Adorno darin, daß hier
der Bürger sich als Heros »aufspielt«, das finstere Geheimnis

»einer Revolution und eines vermeintlich befreiten Bewußtseins, das . . . sich deklamieren muß, weil es nicht ganz wahr
ist, weil in ihm Humanität in Repression umschlägt und unge-
schmälerte Menschlichkeit verhindert.« (Th. W. A., Zum Klassizismus von Goethes Iphigenie, in: Neue Rundschau, 1967,
S. 586—599, dort S. 592) Die Revolution wird hier einmal decouvriert, das andere Mal als Potential aktiviert.

Habermas' Versuch, Benjamins Idee des Glücks als Regulativ,
gleichsam als Mentalmedizin, in ein materialistisches Programm der Emanzipation einzubringen, ist mir in doppelter
Weise fragwürdig: einmal, weil sie die Vorstellung des
Glücks aus dem Zusammenhang herausnimmt, in dem sie bei
Benjamin steht, und ihr damit auch einen anderen Inhalt sub-
stituiert, zum anderen, weil die von Habermas zum Strauß
gebündelten Werte Wohlstand-Freiheit-Glück ihrerseits lediglich in einem kontingenten, nicht im systematischen Zusammenhang eines Historischen Materialismus stehen. Der Vorwurf, den Habermas gegen Benjamin richtet, er habe »ausein-
anderstrebende Motive verknüpft, aber nicht eigentlich ver-
einigt« (S. 176), läßt sich hier auch gegen Habermas richten,
ganz abgesehen davon, daß Habermas Benjamin der Beliebigkeit preiszugeben droht mit der Charakteristik: »Benjamins
intellektueller Existenz hat soviel Surreales angehaftet, daß
man sie nicht mit unbilligen Konsistenzforderungen konfron-
tieren sollte.« (S. 176).

Der im Sammelband enthaltene Beitrag von Gershom Scholem, »W. B. und sein Engel« (S. 87—138) bringt wichtige Überlegungen und Materialien zu Benjamins Bild des Engels in
seiner Entwicklung, vor allem die beiden Fassungen der bisher unveröffentlichten Aufzeichnung »Agesilaus Santander«.
Angesichts der von Scholem selbst aufgewiesenen tiefgreifen-
den ˌWandlung der Vorstellung des Engels bei Benjamin halte
ich es aber für unzulässig, die Aussage des »Santander«, der
Engel sei aus der Zukunft gekommen, dem Bild vom Engel der
Geschichte in der IX. These zu interpolieren (S. 130). In der
IX. These wird der Engel unaufhaltsam vom Sturm in die Zukunft getrieben, der er den Rücken kehrt. Man müßte sich also
vorstellen, der Engel sei zu einem Zeitpunkt aus der Zukunft
gekommen, als dieser Sturm noch nicht wehte — aber nichts
spricht für diese Hypothese. Ohnehin besteht ein grundlegen-
der Unterschied zwischen »Agesilaus Santander« und der IX.
These darin, daß in »Agesilaus Santander« der Engel nicht
zur Zukunft getrieben wird, sondern stoßweis, aber unerbitt-
lich in sie zurückweicht (S. 102).

Der Beitrag von Hermann Schweppenhäuser, »Physiognomie

eines Physiognomikers«, (S. 139—171) steuert neben der zutreffenden Feststellung, der »Block der Vergänglichkeit« stehe bei Benjamin schroff gegen das »Unausdenkliche des Gottesreiches« (S. 151), eine weitere Interpretation der IX. These bei, indem er unterstellt, der Engel löse sich, in stetem Zurückweichen, von dem Entsetzlichen, das Schweppenhäuser als die mythische Ordnung im Sinne Adornos bestimmt. Diese Meinung wird schon dadurch hinfällig, daß eben der Engel nicht zurückweicht, sondern getrieben wird. Auch gibt es nicht den geringsten Anhalt dafür, bei Benjamin sei die profane Ordnung »nur der Mythos mit vor dem eigenen Entsetzen verschlossenen Augen« (S. 152). Überhaupt verwischt Schweppenhäuser die hier in Rede stehenden Probleme mehr als daß er sie löst, indem er in einem preziösen, zur unfreiwilligen Adorno-Parodie geratenden Stil Benjamin auf Adorno und Adorno auf Marx bringt. Ideologiekritiker sollten einmal die Neigung der gegenwärtigen Werbesprache zu exklusiven Schreibungen von Fremdwörtern wie »exclusiv« untersuchen. Sie hat Parallelen, u. a. bei Schweppenhäuser.

THEODOR W. ADORNOS
»ÄSTHETISCHE THEORIE«

Die posthume Veröffentlichung von Theodor W. Adornos
»Ästhetischer Theorie« macht ihn als Ästhetiker erst völlig
präsent. Sie ist ein epochales Ereignis für die Ästhetik, soweit
in einer Randzone der Epoche ein solches überhaupt stattfinden kann. Immerhin ist in einer Zeit zunehmender öffent-
licher Bedeutungslosigkeit der Kunst die Ästhetik im Strah-
lungsbereich des Neomarxismus an einen hervorragenden Ort
des theoretischen Denkens gerückt. Sie ist nicht ein Gegenstand unter anderen, sondern Spitze der Theorie. Das ist um
so merkwürdiger, als Marx und Engels in einem Zeitraum
sicheren Kunst- und Kulturbewußtseins ästhetischen Fragen
nur eine untergeordnete Stellung in ihrem Denken gegeben
haben. Die zweibändige Sammlung »Karl Marx/Friedrich
Engels, Über Kunst und Literatur« (Berlin 1967/68) bestätigt, was dem unvoreingenommenen Blick, trotz Georg Lukács'
Versuch, »Karl Marx und Friedrich Engels als Literaturhistoriker« (Berlin 1948) zu etablieren, offenlag: ein Kunstinteresse
von Dilettanten, nicht mehr. Allerdings ist eines bemerkens-
wert: Daß Kunst und Kultur oft, mit einem aktuellen Schlagwort zu reden, Kunst und Kultur der Herrschenden waren,
ist für Marx und Engels kein Hinderungsgrund, das Erbe
der kulturellen Überlieferung in einer zuweilen geradezu tra-
ditionalistischen Weise anzutreten und zu bejahen. Nicht ob,
sondern warum »griechische Kunst und Epos«, Produkte einer
längst untergegangenen Sklavenhaltergesellschaft, »uns noch
Kunstgenuß gewähren und in gewisser Beziehung als Norm
und unerreichbare Muster gelten«, fragt sich Marx[1]. Er ist
damit weit entfernt von der Position einer modernen radi-

---

1 *Marx/Engels*, Über Kunst ... Bd. 1, S. 125. Auf dieser Linie
liegt die Bemühung des offiziellen Marxismus der Ostblock-
staaten um das ›kulturelle Erbe‹. Vgl. a. *Georg Lukács*, Marx
und Engels als Literaturhistoriker; bes. S. 93 ff.

kalen Linken, die über Adorno hinaus will und Kunst über-
haupt als Kunst der Herrschenden verwirft. Demgegenüber
bezeugt Adornos Denken — vielleicht zum letzten Mal — die
Gewalt des Ästhetischen; über ihn hinweg geht eine neue
Ästhetisierung der Gewalt[2]. Adorno spricht in die Richtung
ehemaliger Weggefährten und Jünger, wenn er konstatiert:
»Avantgardistische Störungen ästhetisch avantgardistischer
Veranstaltungen sind so illusionär wie der Glaube, sie seien
revolutionär und gar Revolution eine Gestalt des Schönen:
Amusie ist nicht über, sondern unter der Kultur, Engagement
vielfach nichts als Mangel an Talent oder an Anspannung,
Nachlassen der Kraft. Mit ihrem jüngsten, freilich schon im
Faschismus praktizierten Trick funktioniert Ichschwäche, die
Unfähigkeit zur Sublimierung, sich ins Höhere um, belohnt
die Linie des geringsten Widerstands mit einer moralischen
Prämie. Die Zeit der Kunst sei vorüber, es käme darauf an,
ihren Wahrheitsgehalt, der mit dem gesellschaftlichen um-
standslos identifiziert wird, zu verwirklichen: das Verdikt ist

---

2 Vgl. *Gabriel und Daniel Cohn-Bendit*, Linksradikalismus — Ge-
   waltkur gegen die Alterskrankheit des Kommunismus. Hamburg 1968, S. 66 f.: »Wir waren nicht mehr Tausende von Indi-
   viduen [...], sondern eine einzige protestierende Kraft [...]
   Das Ziel des Kampfes war dagegen unbedeutend [...] Dieses
   Gefühl der Stärke und Einigkeit schuf hinter den Barrikaden
   eine Feststimmung [...] Alles wurde einfach. Die Barrikaden
   waren keine Mittel der Selbstverteidung mehr, sie wurden
   zum Symbol der Freiheit. Deshalb bleibt diese Nacht vom 10.
   zum 11. Mai für alle, die ›dabei‹ waren, unvergeßlich. Für den
   bürgerlichen Historiker wird sie sicher ein Symbol der Gewalt
   [...] werden, während sie für viele das Moment eines Bewußt-
   seinsprozesses war, ganz in der Tradition der großen Momente
   der Geschichte. Die Erinnerung an die Progrome, an das erste
   Morgenlicht, an die Schwere der Verletzungen werden bleiben,
   aber das alles kann die Erinnerung an die Schönheit einer Nacht
   nicht verdrängen, in der durch die exemplarischen Aktionen der
   ›Kommunarden‹ oder ›Sansculotten‹ der Rue Gay Lussac eine
   wirklich revolutionäre Situation entstand.«

totalitär.« (ÄT 372 f.)[3] Ist Adornos Denken eine Abwendung vom orthodoxen Marxismus, so wendet sich dieses Denken zuletzt noch von denen ab, die es populär mißverstanden
und ihm damit zeitweise das Mißverständnis der Popularität
bereiteten.

Die Entwicklung, in deren Verlauf aus der marxistischen
Ästhetik ein ästhetischer Marxismus heraustrat[4], beginnt
beim jungen Georg Lukács in seiner prämarxistischen Essay-
sammlung »Die Seele und die Formen« von 1907 und reicht
bis in seine Spätzeit, unsere Gegenwart, mit der monumental
angelegten, unvollendeten Ästhetik, von der zwei große Halb-
bände vorliegen (Neuwied a. Rh., Berlin-Spandau 1963).
Schon »Die Seele und die Formen« zeigt sowohl Anknüpfung
bei Hegel wie Kritik an ihm. Die Anknüpfung besteht im
geschichtsphilosophischen Entwurf einer Ästhetik, die aufs
System zielt, auch wo sie sich vorerst essayistisch darbietet.
Lukács ist darin Gegenpol zu Adorno, der Essayist bleibt,
noch wo er ein systematisches Thema wie die Ästhetik ab-
handelt. Die Kritik an Hegel vollzieht sich bei Lukács im
Rückgriff auf die später scharf attackierte Frühromantik, der
sich vergleichbar beim jungen Walter Benjamin mit seiner
Dissertation »Der Begriff der Kunstkritik in der deutschen
Romantik« (1920) findet. Dieser Rekurs besteht u. a. darin,
daß die Kunst, bei Hegel als sinnliches Scheinen der Idee in
deren begrifflichem Erscheinen in seinem System aufgehoben,
zur äußersten Manifestation des menschlichen Geistes wird,
der die Ästhetik als Nachdenken dieses höchsten Selbst-
bewußtseins zugeordnet ist. »[...] daß die Kunst die an-
gemessenste und höchste Äußerungsweise des Selbstbewußt-
seins der Menschheit ist«, heißt es noch in Lukács' später

3 ÄT=*Theodor W. Adorno*, Ästhetische Theorie. Aus dem Nach-
  laß herausgegeben von *Gretel Adorno* und *Rolf Tiedemann*
  (= Gesammelte Schriften, Band 7), Frankfurt 1970.
4 Ich beziehe mich hier auf *Willy Michel*, Marxistische Ästhetik
  — Ästhetischer Marxismus. Band 1: Georg Lukács' Realismus.
  Das Frühwerk. I. Teil. (= Gegenwart der Dichtung. hg. v.
  Gerhard Kaiser, Bd. 3) Frankfurt 1971.

Ästhetik[5]. Die Kunst rückt bei Lukács in diese Stellung
ein, weil bei ihm auf anderes hingezielt wird als bei Hegel:
nicht auf das Zusichselbstkommen des Geistes, sondern auf
die reale Erscheinung eines harmonischen, zur Allseitigkeit,
Konkretheit und Ganzheit seines Wesens gekommenen
neuen Menschen in einer neuen Gesellschaft, dessen Herauf-
kunft vorbereitet wird in den Werken der Kunst. Das Projekt
einer »sich in Gebilden objektivierende(n) Kultur«, die »der
Innerlichkeit angemessen wäre«[6], ist eine der Einbruchstellen
für den Marxismus in Lukács' frühem Denken, so wie der
Marxismus in dieser Attraktivität für den jungen Lukács
seinen eschatologischen Zug zeigt, der im Neomarxismus so
auffällig durchschlägt — etwa bei Herbert Marcuse mit seinem
»Bild der Erlösung vom Ich: das Zurruhekommen aller Transzendenz in einer Daseinsform, die alles Werden in sich aufgenommen hat, die in aller Andersheit für und mit sich selbst
ist«[7]; so in Walter Benjamins späten »Geschichtsphilosophischen Thesen«, die um den Gedanken einer messianischen
Erlösung der Geschichte kreisen; so in Ernst Blochs »Prinzip
Hoffnung«, dem im Überspringen der Frage nach den Bedingungen und Möglichkeiten, es zu erreichen, das Ziel der
Geschichte zum Heilsziel wird: »Die Heilsgarantie entfällt,
aber die Antizipation des Heils bewahrt sich die Sicherheit«[8].
Lukács' bedeutendstes Werk vor der Wende zum Marxismus,
die »Theorie des Romans« von 1916, endet mit dem roman-
tisch-eschatologischen Ausblick auf eine »geschichtsphilosophische Zeichendeuterei«, die ausspricht, »ob wir wirklich im
Begriffe sind, den Stand der vollendeten Sündhaftigkeit zu

5 *Georg Lukács*, Die Eigenart des Ästhetischen. 1. Halbband,
   S. 616.
6 *Georg Lukács*, Die Theorie des Romans, Neuwied a. Rh., Berlin-
   Spandau, ²1963, S. 149.
7 *Herbert Marcuse*, Triebstruktur und Gesellschaft, Bibliothek
   Suhrkamp Bd. 158, Frankfurt 1971, S. 130.
8 *Jürgen Habermas*, Ein marxistischer Schelling. Zu Ernst Blochs
   spekulativem Materialismus, in: *J. H.*, Theorie und Praxis. So-
   zialphilosophische Studien, Neuwied a. Rh., Berlin-Spandau
   1963, S. 350.

verlassen, oder ob erst bloße Hoffnungen die Ankunft des Neuen verkündigen [. . .]«[9].

Die Kunst rückt bei Lukács aber auch deshalb nach vorn, weil für ihn die Gesellschaft, wie die »Theorie des Romans« expliziert, noch fragwürdiger ist als für Hegel. Lukács schreibt darüber im kritischen Nachwort der Neuauflage von 1963, Hegels »Welt der Prosa«, in der die Kunst problematisch wird, »[. . .] ist gerade das Sichselbsterreichthaben des Geistes im Denken und in der gesellschaftlich-staatlichen Praxis [. . .] Völlig entgegengesetzt ist die formal ähnliche Konzeption der ›Theorie des Romans‹: die Problematik der Romanform ist hier das Spiegelbild einer Welt, die aus den Fugen geraten ist[10].« Mit »der Hoffnung, daß aus dem Zerfall des Kapitalismus, aus dem damit identifizierten Zerfall der leblosen und lebensfeindlichen ökonomisch-sozialen Kategorien ein naturhaftes, menschenwürdiges Leben entspringen könne«[11], gewinnt auch die Gesellschaftskritik bei Lukács einen anderen Ort als bei Hegel. Ist Geschichte Phänomenologie des Geistes, dann sind in dieser die Widersprüche der gesellschaftlichen und politischen Sphäre aufzuheben; ist Geschichte Phänomenologie des vollkommenen Menschen in der vollkommenen Gesellschaft, dann muß die Aufhebung der gesellschaftlich-politischen Widersprüche in der Gesellschaft selbst stattfinden, wie auch Kunst nicht mehr an ihrem Verhältnis zur Selbstverwirklichung des Geistes, sondern zur Selbstverwirklichung des Menschen und der Gesellschaft gemessen wird. So interpretiert Lukács den Roman als die Kunstform radikaler und totaler Gesellschaftskritik, die sich selbst an dem ihr zur Gestaltung aufgegebenen Objekt, der entfremdeten, sinnentleerten Gesellschaft, zum Problem wird. Das geschieht durch Ironie, in welcher »[. . .] die Fremdheit und die Feindlichkeit der innerlichen und der äußerlichen Welten [. . .] nicht aufgehoben, sondern nur als notwendig

9 *Georg Lukács*, Theorie des Romans, S. 158.
10 *Georg Lukács*, Theorie des Romans, S. 12.
11 *Georg Lukács*, Theorie des Romans, S. 15.

84 *Gerhard Kaiser*

erkannt« ist[12]. Auch diese Ironie ist ein Grundzug der Frühromantik, die, statt, wie Hegel, auf die Aufhebung der be-
dingten geschichtlichen Erscheinungen im Absoluten zu zielen,
deren Annihilation zugunsten des Absoluten anstrebte. Geht
der Versöhnungsanspruch des jungen Lukács für die Gesellschaft über Hegel hinweg, so wird dessen Verwirklichungs-
aussicht hinausgeschoben.

Ein weiterer Grund für die Vorrangstellung von Kunst
und Ästhetik im Denken Lukács' läßt sich indirekt aus Überlegungen erschließen, die er in seiner marxistischen Phase
über die Voraussetzungen der deutschen klassischen Epoche
anstellt. Die von der gesellschaftlich-politisch versteinerten
Situation aufgezwungene Zuschauerrolle der deutschen Schrift-
steller beim Epochenereignis der Französischen Revolution
sieht er in Doppelperspektive: als Grund für eine gewisse
Verzerrung der Probleme der sozialen und politischen Wirklichkeit durch ihre Übersetzung ins rein Ideelle, vor allem
aber auch — und hier verhandelt Lukács am historischen
Gegenstand sein eigenes Problem — als Bedingung der Möglichkeit, den Widersprüchen und Pressionen der Praxis entrückt die von ihr aufgeworfenen Fragen radikal zu Ende zu
denken[13]. »Eben dadurch, daß [...] die gesellschaftlichen
Grundlagen und Folgen gewisser theoretischer oder dichteri-
scher Fragen nicht sofort im praktischen Leben offenkundig
werden, entsteht für den Geist, für die Konzeption, für die
Darstellung ein beträchtlicher, relativ grenzenlos scheinender
Spielraum, wie ihn die Zeitgenossen der westlichen entwik-

12 *Georg Lukács*, Theorie des Romans, S. 73.
13 ad Zuschauerrolle s. *Georg Lukács*, Fortschritt und Reaktion in
der deutschen Literatur, Berlin 1947, S. 35; ebd., S. 31: »[...]
als das ›Reich der Vernunft‹ der Aufklärungsideologie aus der
Revolution als bürgerliche Gesellschaft mit ihren inneren Widersprüchen emporstieg, wurde — und das ist kein Zufall — der
erste Versuch, das widerspruchsvolle Wesen des neuen Phäno-
mens zu begreifen, in der deutschen Dichtung und Philosophie
unternommen.« ad Verzerrung der Probleme s. ebd., S. 37; das
folgende Zitat s. *ders.*, Goethe und seine Zeit, Berlin 1950, S. 12
vgl. a. *ders.*, Fortschritt und Reaktion, S. 22.

kelteren Gesellschaften nicht kennen konnten.« Das Zuendedenken vollzieht sich auf höchstem Niveau im aristokratisch-
ästhetischen, dabei thematisch und inhaltlich volkstümlich
orientierten Bereich der deutschen Klassik. Es wird festgestellt,
daß die »aristokratisch-ästhetische Haltung Goethes und
Schillers« gegenüber politisch radikaleren Autoren wie Klin-
ger oder Jean Paul »sachlich radikaler, energischer und zu-
kunftsträchtiger« war, generell, »daß (sofern sich die Volksmassen nicht in revolutionärer Gärung befinden) die
Volkstümlichkeit rückschrittlicher ist als die ästhetisch-
kontemplative Erkenntnis der dialektischen Bewegung in der
Gesamtgesellschaft[14].« Ähnliches zeigt sich am großen Realismus Westeuropas: »Die ästhetisch-kontemplative Haltung im
großen Realismus der ersten Hälfte des neunzehnten Jahrhunderts ist [...] einerseits zwar ein Rückschritt gegenüber
dem kämpferischen Pathos der Aufklärung [. . .], andererseits ermöglicht sie aber ein vertieftes Eindringen in die
gesellschaftlichen Erscheinungen der neuen Zeit, in die Psycho-
logie des neuen Menschen, in die gesellschaftliche Wirklichkeit überhaupt, die in ihrer geschichtlichen Bedingtheit erkannt wurde[15].« Am Bedenken solcher Widersprüche zeigt
sich, daß die Ästhetik, die sich auf einen dem Denken besonders widerständigen Gegenstand richtet, eine große
Chance für den Durchbruch nonkonformistischer, Widersprüche aufgrabender Denkmotive bietet. Während im orthodoxen Marxismus der Ostblockländer, was die Ästhetik an-
langt, Sterilität herrscht, ist die Inauguration einer neuen
Ästhetik gerade von Außenseitern mit systemsprengender
Kraft betrieben worden. Lukács ist, nach einer kurzen Phase,
in der seine Ästhetik als quasi offizielle in der DDR nach
1945 gegolten hatte, seit 1956 als Revisionist eingestuft. Die
seit Lukács' Zugehörigkeit zum Marxismus immer wieder
gegen ihn aufflammende Polemik hat damit ihren Höhepunkt

14 *Georg Lukács* Fortschritt und Reaktion, S. 46 f.; vgl. ebd., S. 36.
15 *Georg Lukács*, Fortschritt und Reaktion, S. 41.

erreicht[16]. Die anderen bedeutenden Anreger einer neo-
marxistischen oder vom Marxismus ausgehenden Ästhetik
stehen in ähnlich gespanntem Verhältnis zu der marxistischen Orthodoxie, seien es Theoretiker des jugoslawischen
Praxiskreises, seien es Hans Mayer, Lucien Goldmann, Ernst
Fischer, Walter Benjamin, Herbert Marcuse oder eben Theodor W. Adorno. Auch die Distanz von der gesellschaftlichen
Praxis läßt sich als Kennzeichen der Denkbewegung fast
aller dieser Männer nachweisen. Lukács wird von der offiziellen
marxistischen Kritik Vernachlässigung der realen Klassenkampfsituation, eine Isolierung des ideologischen
Überbaues vorgeworfen. Er hat eine restaurative Ästhetik
entwickelt, die ihre politische Stunde bei der Ausmerzung der
sowjetischen Avantgarde und im Rahmen der Volksfront-

---

16 Vgl. dazu: *Georg Lukács* und der Revisionismus. Eine Sammlung von Aufsätzen. Berlin 1960. Noch in der Festschrift zu Lukács' 70. Geburtstag (1955) würdigte *Alexander Abusch* die lite-
raturtheoretische Leistung des später von ihm wegen Revisionismus Kritisierten: »Er [. . .]trug dazu bei, die ästhetischen An-
schauungen von Marx, Engels und Lenin weiterzuentwickeln.
Uns Deutschen gab er eine wichtige Hilfe bei der Aneignung des
großen Erbes unserer klassischen Literatur.« *(A. A.* in: Georg
Lukács zum siebzigsten Geburtstag. Berlin 1955, S. 5). *Fritz
J. Raddatz* schreibt in der Rowohlt Bild-Monographie Georg Lukács (Reinbek 1972, S. 104 f.) über die Revisionismus-Sammel-
schrift: »Pointenreich ist der Band unter anderem deshalb, weil
kurz zuvor zwei von den fünf ungarischen Autoren nachweisbar
das Gegenteil geschrieben hatten: József Szigéti, der nun Lukács den ideologischen Kampf ansagt, hatte am 13. April 1955
in der ungarischen Parteizeitung ›Szabad Nép‹ ein Hommage
auf Lukács veröffentlicht; und Bela Fogarasi ist sicherheitshalber
gleich in zwei Bänden vertreten: der 1955 Lukács' Arbeiten für
›wertvoll‹, ›notwendig‹, ›von weittragender Bedeutung‹, ›wich-
tig‹, ›Beispiele für die schöpferische Anwendung des historischen Materialismus‹ befand, weiß 1959, daß es sich um einen
Philosophen handelt, ›[. . .] der sich Marxist nennt‹: ›Das zeigt,
wie weit Lukács im Revisionismus versunken ist, wie sehr er
sich der Argumentation der bürgerlichen und revisionistischen
Kreise im Westen anpaßt. Der Revisionismus aber führt, wie
zahlreiche Beispiele zeigen, unvermeidlich in das Lager der
Feinde der Arbeiterklasse.‹«

bestrebungen hatte; sie basiert auf der These der Wider-
spiegelung der Gesellschaft in der Kunst, dem nur teilweise
umgelagerten Systemzusammenhang des Hegelschen geschichtsphilosophischen Denkens und der antimodernistischen,
auf dem Primat des Inhalts beruhenden Ablösung und Kon-
servierung von Formidealen, die an der Klassik und der
großen bürgerlichen Kunst des 19. Jahrhunderts gewonnen
worden sind und nun den Inhalten der Gegenwart literarisch
übergestülpt werden sollen. Im Versuch, progressive Kräfte
aus allen Lagern, auch dem »bürgerlichen«, gegen »Die Zerstörung der Vernunft« (Neuwied, Berlin-Spandau 1962) zu
sammeln, in der späten Abwendung vom Stalinismus wird
Lukács zum Träger eines appellativen und programmati-
schen Humanismus, der sich von dem spezifischen politischen
und ökonomischen Programm des klassischen Marxismus abhebt.

Nicht in diesen Lösungen, wohl aber in der Ausgangs- und
Problemlage besteht Gemeinsamkeit zwischen Lukács und
den anderen oben genannten Theoretikern. Sie trennen sich
von der Widerspiegelungstheorie, weil ihnen zunehmend das
Verhältnis von Überbau und Basis zum Problem wird, mithin
der Kernpunkt des Marxismus als des historisch-dialektischen
Materialismus; mögen sie nun, wie Lucien Goldmann, dazu
tendieren, die von Marx und Engels postulierte, wenn auch
mit Schwankungen gefaßte Bedingtheit des Überbaus durch
die Basis[17] im Sinne des Strukturalismus in eine Homologie

---

17 Vgl. die bekannte briefliche Äußerung von *Friedrich Engels*
zu *Josef Bloch* vom 21. 9. 1890: »Daß von den Jüngeren zuweilen
mehr Gewicht auf die ökonomische Seite gelegt wird, als ihr zukommt, haben Marx und ich teilweise selbst verschulden müssen. Wir hatten, den Gegnern gegenüber, das von diesen ge-
leugnete Hauptprinzip zu betonen, und da war nicht immer Zeit,
Ort und Gelegenheit, die übrigen an der Wechselwirkung be-
teiligten Momente zu ihrem Recht kommen zu lassen. Aber
sowie es zur Darstellung eines historischen Abschnitts, also zur
praktischen Anwendung kam, änderte sich die Sache, und da
war kein Irrtum möglich.« (*Karl Marx / Friedrich Engels,*
Werke, Bd. 37, Berlin 1967, S. 465).

umzuinterpretieren, mögen sie, wie Adorno, den Satz, Bewußtsein hänge vom Sein ab, vom Schein, »umgekehrte Metaphysik« zu sein, befreien durch die Interpretation, er sei
»zugespitzt wider den Trug des Geistes, er sei an sich, jenseits des Gesamtprozesses, in dem er als Moment sich findet«.
In diesem Gesamtprozeß seien aber auch die Bedingungen
des Geistes kein An-sich, sondern wiederum vermittelte Momente (ND 198)[18]. Walter Benjamin bezieht sich zwar in
seiner Abhandlung »Das Kunstwerk im Zeitalter seiner technischen Reproduzierbarkeit« ausdrücklich auf die Marxsche
Lehre von Überbau und Basis[19], trennt sich aber in letzter
Konsequenz von ihr, indem er den Untergang des Kapitalismus nach sozio-ökonomischen Gesetzen sich vollziehen läßt,
den Sieg des Sozialismus jedoch von Entscheidungen der
kämpfenden unterdrückten Klasse abhängig macht[20], die in
seinem letzten Werk, den »Geschichtsphilosophischen Thesen«,
nicht objektiv nach sozio-ökonomischen Kriterien bestimmt
wird, sondern nach dem Verhalten und dem Bewußtseinsstand[21]. Dokument der Aushöhlung der Basis-Überbau-Theorie
ist Benjamins Äußerung aus der Passagen-Arbeit: »Der Überbau ist der Ausdruck des Unterbaus. Die ökonomischen Bedingungen, unter denen die Gesellschaft existiert, kommen
im Überbau zum Ausdruck[22].«

18 ND = *Theodor W. Adorno*, Negative Dialektik. Wissenschaft-
   liche Sonderausgabe, Frankfurt 1970.
19 *Walter Benjamin*, Das Kunstwerk im Zeitalter seiner technischen
   Reproduzierbarkeit, edition suhrkamp 28, S. 10.
20 *S. Walter Benjamin*, Schriften, Bd. 1. Frankfurt 1955, S. 554,
   ‹Feuermelder«.
21 s. S. 235 d. vorliegenden Bandes.
22 Aus dem Ms. zitiert bei *Rolf Tiedemann*, Studien zur Philosophie Walter Benjamins, Frankfurt 1965, S. 106. Bei dem tsche-
   chischen Marxisten *Karel Kosík* wird das Basis-Überbau-Schema
   als »Fetischisierung der Ökonomie« bezeichnet (Die Dialektik des Konkreten, Frankfurt 1967, S. 116). Er sagt: »Die Poesie
   ist keine Wirklichkeit niederer Ordnung als die Ökonomie: sie
   ist in gleicher Weise menschliche Wirklichkeit, wenn auch von
   anderer Form und Bedeutung. Die Ökonomie erzeugt weder

Im gleichen Maße wie das Verhältnis von Überbau und Basis wird den meisten Neomarxisten die Möglichkeit der Veränderung, speziell der revolutionären, qualitativen Veränderung zur sozialistischen und kommunistischen klassenlosen Gesellschaft und die Mitwirkung der Kunst dabei problematisch. Die Vertreter der sogenannten Kritischen Theorie von Marcuse bis Habermas sind sich darin einig, daß das Proletariat nicht, wie der orthodoxe Marxismus glaubt, die kraft objektiver Gesetzmäßigkeit der Geschichte zur revolutionären Errichtung der kommunistischen Gesellschaft fähige und bestimmte Klasse ist. Sieht der klassische Marxismus die Bewußtseinsveränderung als Konsequenz der Veränderung des gesellschaftlichen Seins des Menschen, so muß nun erst durch Bewußtseinsveränderung ein Subjekt der Revolution geschaffen werden. Walter Benjamin äußert in den Aufsätzen »Der Autor als Produzent« von 1934 und »Das Kunstwerk im Zeitalter seiner technischen Reproduzierbarkeit« von 1935 noch die Hoffnung, daß die in der Moderne gewonnene technische Reproduzierbarkeit der Kunst dazu beitragen könne, den ideologischen Komplex der Kultur zu sprengen. Sie nehme den Kunstwerken den auratischen Charakter, der sie einem pseudoreligiösen Ritual einbette; bringe die Kunstproduzenten zur Erfahrung ihrer Abhängigkeit von technischen Produktionsmitteln, die ihnen nicht gehören, und damit in Analogie zur Arbeiterklasse; übe schließlich progressive

direkt noch indirekt, weder unmittelbar noch mittelbar die Poesie, sondern der Mensch schafft Ökonomie und Poesie als Produkt der menschlichen Praxis.« (ebd., S. 115 f.) Auch der Herausgeberkreis der Zeitschrift »Alternative« nimmt Distanz von der Basis-Überbau-Theorie und wurde deshalb in Heft 82, 1972, von der KSV-Zelle Germanistik an der FU Berlin angegriffen. In Heft 84/85, 1972, S. 113, wird vom Redaktionskollektiv unter Berufung auf *Althussers* Analyse des Engelsschen Begriffs »ökonomische Determinante in letzter Instanz« (in: Für Marx, S. 86 ff.) festgestellt, »daß gerade das Basis-Überbau-Verhältnis bei Marx und Engels an entscheidenden Stellen nicht erklärt, sondern metaphorisch gefaßt ist«.

kollektive Reaktionsweisen ein, die auf Deckung von kritischer und genießender Haltung im Publikum zielen. In den
posthumen »Geschichtsphilosophischen Thesen« aber wird
die Revolution nur noch im Erscheinen des Messias zum Sieg.
»Benjamin war tief davon durchdrungen: auch der partiellen
Fortschritte können wir vor dem Jüngsten Tage nicht sicher
sein[23].« Bei Herbert Marcuse ist ein nicht zu schlichtender
Widerspruch in der Einschätzung des Verhältnisses der Kultur, insbesondere der Kunst, zur Gesellschaft aufgebrochen.
In der Abhandlung »Über den affirmativen Charakter der
Kultur« von 1937 wird die Kultur, speziell die Kunst, gemessen an Marcuses Ideal der vollkommenen Gesellschaft; sie
erscheint von hier aus als das Medium, in dem die bürgerliche
Gesellschaft ein Bild der Freiheit entwirft und zugleich derart
neutralisiert, daß es zur Zementierung der bestehenden Unfreiheit beiträgt. In dem Essay »Bemerkungen zu einer Neu-
bestimmung der Kultur« von 1965 werden Kultur und Kunst
gemessen am Bild der bestehenden technologischen Gesellschaft und erscheinen von hier aus, in Entgegensetzung zu
Naturwissenschaften, praktischen Wissenschaften und Tech-
nologie, als letzte Insel der Humanität: »Die Abgeschlossen-
heit der nichtwissenschaftlichen Kultur kann die dringend
erforderliche Zuflucht und das Refugium schützen, in dem
vergessene und unterdrückte Wahrheiten und Bilder über-
wintern[24].« Fragt der frühere Aufsatz nicht nach dem Weg
zur vollkommenen Gesellschaft, so weist der spätere resig-
niert auf einen, der keiner ist: Marcuse sieht nicht, daß sein
Versuch, für die kritischen Gehalte der Kultur und Kunst
einen Freiraum zu schaffen und institutionell zu sichern, nur

23 *Jürgen Habermas*, Bewußtmachende oder rettende Kritik — die
   Aktualität Walter Benjamins, in: Zur Aktualität Walter Benjamins. Aus Anlaß des 80. Geburtstags von W. B. hg. von *Siegfried Unseld*, Suhrkamp Taschenbuch 150, Frankfurt 1972, S.
   173—221, dort S. 218.
24 *Herbert Marcuse*, Kultur und Gesellschaft 2, edition suhrkamp
   135, Frankfurt 1965, S. 167.

um so schärfer das heraustreibt, was er als affirmativen Charakter der Kunst und Kultur diffamiert, indem er deren Rettung mit der völligen Isolierung von der Praxis bezahlt. Von seinen eigenen Voraussetzungen her müßte sein Appell an die bestehende Gesellschaft, eine radikale theoretische Kritik an ihr institutionell zu sichern und damit scheinbar gegen ihre eigenen Interessen zu handeln, zum Erfolg verurteilt sein: Sie kann es sich leisten, mit ihrer zunehmenden Stabilisierung in sich selbst auch noch Institute für kritische Hofnarren zu halten. Das bedeutet: Marcuses Kulturphilosophie endet in der Aporie.

Damit ist das Problemfeld abgesteckt, in das die »Ästhetische Theorie« eintritt. Theodor W. Adornos Philosophie, auch seine Ästhetik, ist ausdrücklich eine im Angesicht der Verzweiflung[25]. Wo der Weltlauf »verrucht« ist (ÄT 80), ist »wahr [...] nur, was nicht in diese Welt paßt«. (ÄT 93) Als am Ende der Klassik und Romantik das Schlagwort vom ›Ende der Kunstperiode‹ umging, meinte es, nun sei die Zeit zum Handeln, zur praktischen Gestaltung und Umgestaltung der Welt gekommen. Wenn Adornos »Ästhetische Theorie« sich vor der Möglichkeit sieht, zum Nekrolog für die Kunst zu werden (ÄT 13), und die Kunst vor der Möglichkeit ihres Endes, spricht sie kein Programm aus, sondern deutet eine Situation; geht es nicht darum, sich entschlossen von der Kunst zur Praxis zu wenden, sondern darum, daß die Praxis der Gesellschaft noch die Kunst unmöglich machen könnte.

Als Verdikt über die Welt ist Adornos Philosophie zunächst Verdikt über den gegenwärtigen Weltzustand. Es geht aus von der Marxschen Analyse der Ware und des Tauschverhältnisses in der bürgerlichen Gesellschaft mit ihrer Überlagerung des Gebrauchswerts durch den Tauschwert: »Der Tauschwert, gegenüber dem Gebrauchswert ein bloß Gedachtes, herrscht über das menschliche Bedürfnis und an seiner Stelle;

25 *Theodor W. Adorno*, Minima Moralia. Reflexionen aus dem beschädigten Leben. Frankfurt 1951, S. 480 (Nr. 153).

der Schein über die Wirklichkeit. Insofern ist die Gesellschaft
der Mythos und dessen Aufklärung heute wie je geboten.
Zugleich aber ist jener Schein das Allerwirklichste«[26]. Das
Tauschverhältnis wird in der kapitalistischen Gesellschaft
zum Grundmodell aller zwischenmenschlichen Beziehungen.
Der Mensch wird nicht in seiner Besonderheit, sondern in
seiner Austauschbarkeit gefragt, die Erscheinungen der Kultur
werden zur Ware. »Das Instrument, mit dem das Bürgertum
zur Macht gekommen war, Entfesselung der Kräfte, allgemeine Freiheit, Selbstbestimmung, kurz, die Aufklärung,
wandte sich gegen das Bürgertum, sobald es als System der
Herrschaft zur Unterdrückung gezwungen war«, heißt es in
der von Max Horkheimer und Theodor W. Adorno gemeinsam verfaßten »Dialektik der Aufklärung«[27]. Auch die Vernunft wird nur noch instrumentell gehandhabt, unter dem
Gesichtspunkt der Umsetzbarkeit ihrer Ergebnisse: »Mit der
Formalisierung der Vernunft wird Theorie selbst, soweit sie
mehr als ein Zeichen für neutrale Verfahrungsweisen sein
will, zum unverständlichen Begriff, und Denken gilt sinnvoll
nur nach Preisgabe des Sinns. Eingespannt in die herrschende
Produktionsweise löst die Aufklärung, die zur Unterminie-
rung der repressiv gewordenen Ordnung strebt, sich selber
auf[28].« Mit der Herbeiführung dieser Lage ist die Geschichte
in der Gegenwart zur Katastrophe geworden, deren Inbegriff
die Konzentrationslager des Nationalsozialismus sind. »Daß
in den Lagern nicht mehr das Individuum starb, sondern das
Exemplar«, ist äußerster Ausdruck der absoluten Integration,
»die überall sich vorbereitet, wo Menschen gleichgemacht werden«, wie im Tauschsystem des Kapitalismus: »schon in
seiner formalen Freiheit ist er [der Mensch] so fungibel
und ersetzbar wie dann unter den Tritten der Liquidatoren«

26 *Theodor W. Adorno*, Soziologie und empirische Forschung, in:
    Max Horkheimer / Theodor W. Adorno, Sociologica II. Reden
    und Vorträge, Frankfurt 1962, S. 216.
27 *Theodor W. Adorno / Max Horkheimer*, Dialektik der Aufklä-
    rung, Amsterdam 1947, S. 113.
28 Ebd., S. 114.

(ND 353). Die höchste Absurdität des Weltzustandes aber liegt darin, daß die Unmenschlichkeit der herrschenden Verhältnisse zugleich die Voraussetzungen für die Existenz der Menschheit schafft: »Das impliziert auch das Versöhnende am Unversöhnlichen; weil es allein den Menschen zu leben erlaubt, wäre ohne es nicht einmal die Möglichkeit veränderten Lebens« (ND 312). Positiv gesagt — und damit findet sich eine Denkfigur, die ebenso bei Herbert Marcuse anzutreffen ist: Die gegenwärtige Gesellschaft hat, indem sie die Möglichkeit des auch physischen Todes aller hergestellt hat, zugleich ein Produktionspotential geschaffen, das höchste Selbstverwirklichung der Menschheit möglich macht. Wir leben in einer Epoche, »darin die reale Möglichkeit von Utopie — daß die Erde, nach dem Stand der Produktivkräfte, jetzt, hier, unmittelbar das Paradies sein könnte — auf einer äußersten Spitze mit der Möglichkeit der totalen Katastrophe sich vereint« (ÄT 56).

Knüpft Adornos Analyse des Kapitalismus an Marx an, so ist sie doch zugleich von ihm fundamental geschieden. Dieser Unterschied liegt nicht nur darin, daß in Adornos Bild der kapitalistischen Gesellschaft die Arbeiterklasse als Subjekt der revolutionären Veränderung der Verhältnisse fehlt, der Staatsmarxismus der Oststaaten nur Schatten wirft — der Unterbau der Geschichte hat sich nach Adorno den Überbau weitgehend einverleibt —, sondern auch darin, daß bei Adorno die Katastrophe der Gegenwart nichts anderes ist als die Erscheinung der innersten Beschaffenheit der bisherigen Geschichte, ihr katastrophischer Kern. Der Kapitalismus wird als Enthüllung des verhüllten Wesens der Geschichte gedeutet, sein Charakter, qualitativ besondere Epoche eines historisch-dialektischen Prozesses zu sein, der von der Entwicklung der ökonomischen Produktivkräfte und Produktionsverhältnisse gesteuert wird, tritt in den Hintergrund[29]. In dieser Kritik an der Geschichte geht Adorno hinter den Marxismus zurück. Schon der Schritt

29 *Michael Theunissen* spricht davon, daß sich *Horkheimers* und *Adornos* Werk »Dialektik der Aufklärung« »von der Kritik der

des Menschen zur Naturbeherrschung, nicht erst die Herrschaft von Menschen über Menschen, ist das Verhängnis.
Nicht erst das Denken, das Instrument zur Etablierung und
Aufrechterhaltung von Klassengegensätzen ist, sondern schon
das Denken als Zubereitung der Welt durch den identifi-
zierenden, das Besondere im Allgemeinen auslöschenden Begriff ist Herrschaftsdenken, sofern es die Natur dem Eingriff
des Menschen ausliefert[30], sie unter seine Verfügung bringt.
»Begriff und Realität sind des gleichen widerspruchsvollen
Wesens. Was die Gesellschaft antagonistisch zerreißt, das
herrschaftliche Prinzip, ist dasselbe, das, vergeistigt, die Differenz zwischen dem Begriff und dem ihm Unterworfenen
zeitigt« (ND 56). Was Adorno am Verhältnis des Denkens
zur Realität im Kapitalismus erkennt und abliest, daß es
instrumental ist und damit die Wirklichkeit verhext, offenbart nur das Wesen des Denkens in seinem Verhältnis zur
Realität überhaupt — noch diesseits der Scheidung in prak-
tisches Denken, Wissenschaft und Philosophie.
Nun ist das Denken allerdings nicht völlig durch diese Eigenart charakterisiert. Ein Schritt zur Überwindung seines Unwesens ist Hegels Dialektik, die, statt auf Unterwerfung des

spezifisch kapitalistischen Herrschaftsformen entfernt und in die
Urgründe abendländischen Menschentums hinabsteigt.« (*Michael
Theunissen*, Gesellschaft und Geschichte. Zur Kritik der Kri-
tischen Theorie, Berlin 1969, S. 18.)

30 Vgl. *Günter Rohrmoser*, Das Elend der Kritischen Theorie.
Theodor W. Adorno, Herbert Marcuse, Jürgen Habermas, Freiburg 1970, S. 15: »Ein wesentlicher Unterschied zwischen
Adorno und dem bisherigen marxistischen Konzept politischer
und gesellschaftlicher Herrschaft besteht [...] darin, daß
Adorno das Prinzip Herrschaft auf den Begriff und damit auf
das Prinzip der Vernunft zurückführt [...] Der Begriff wird
von Adorno verstanden als instrumentaler Vollzug, durch den
das Subjekt nach der Regel der Identität die Welt auf sich selbst
und seinen Herrschaftswillen hin bestimmt und so dem Begriff
homogen macht [...] Das Prinzip der Vernunft ist damit auch
das Prinzip von Herrschaft.«

Besonderen, auf die Einheit des Besonderen und des Allgemeinen abzielte. »Nur verfing ihre Durchführung bei ihm
sich tautologisch: seine Art Versenkung ins Detail fördert
wie auf Verabredung jenen Geist zutage, der als Totales und
Absolutes von Anbeginn gesetzt war« (ND 296). Hegels Dialektik mündet ein in den Begriff, alles Besondere der Geschichte geht unter in der Hypostasierung des Weltgeistes,
der die Vergottung des Herrschenden und der Herrschaft ist.
»Der Reflexionsbegriff Weltgeist desinteressiert sich an den
Lebendigen« (ND 297). Die materialistische Wendung der
Dialektik durch Marx leistet die Destruktion dieses Re-
flexionsbegriffs eines absoluten Subjekts, den Übergang zum
Vorrang des Objekts in der Dialektik, wie er sich in dem
ohne Bewußtsein der Menschen herrschenden Marxschen
Wertgesetz manifestiert[31]; der Marxsche, aufs Objekt ge-
richtete Materialismus hat für Adorno die Tendenz zum
Besonderen, Nichtidentischen, das bisher vom Denken zu-
gedeckt worden ist, denn Objekt ist »der positive Ausdruck
des Nichtidentischen« (ND 191). »Von außen betrachtet wird,
was in der Reflexion auf Geist spezifisch als nicht Geistiges,
als Objekt sich darstellt, Materie« (ebd.). Marx und Engels
mindern aber die Chance dieses Ansatzes, indem sie an
Hegels idealistischer Rechtfertigung des Bestehenden und damit der durch Herrschaft und Herrschaftsdenken entstellten,
das Nichtidentische verdrängenden Welt so weit festhalten,
daß sie auf der Notwendigkeit des Geschichtsverlaufes und
der in ihr angelegten Vollendung des Reiches der Freiheit
bestehen. Darin bleibt ihre Dialektik positiv, weil auf einen
positiven Begriff der Totalität gegründet. »Das reale Modell
des Identitätsprinzips schlägt durch, das als solches vom dialektischen Materialismus bestritten ist, die Anstrengung, das
dem Subjekt Ungleiche ihm gleichzumachen« (ND 240). »Es
ging um die Vergottung der Geschichte, auch bei den athe-
istischen Hegelianern Marx und Engels. Der Primat der Öko-

31 Vgl. ND 191, 293.

nomie soll mit historischer Stringenz das glückliche Ende als
ihr immanent begründen« (ND 313). In der Forderung, die
Welt zu verändern, anstatt sie bloß zu interpretieren, hat
Marx »das Programm absoluter Naturbeherrschung, ein Ur-
bürgerliches, unterschrieben« (ND 240). Die Entstellung der
Welt und des Menschen, die am Anfang der Geschichte stand,
wird damit auch bei Marx in ihr Ende hinein projiziert, alles
Leiden, das unter Herrschaft und durch Herrschaft stattgefunden hat und stattfindet, entschärft.

Erst die negative Dialektik der Kritischen Theorie richtet
sich unbeirrt auf die Nichtidentität, das Besondere, das sich
dem Begriff entzieht. Der dialektische Widerspruch zielt ihr
nicht mehr zur Aufhebung in immer höheren Synthesen,
deren letzte eine positive Totalität wäre, sei es der zu sich
selbst gekommene Weltgeist, sei es die mit Notwendigkeit
realisierte klassenlose Gesellschaft, in der Produktivkräfte und
Produktionsverhältnisse in Harmonie gekommen sind. Das
Ganze ist vielmehr das Unwahre, und so tritt an die Stelle
der Totalitätskategorie die totale und konkrete Negation des
Vorhandenen als einzige Möglichkeit, dem Vorrang des Besonderen zur Sprache und zum Recht zu verhelfen. Da »das
Ganze [...] das Negative [ist], so bleibt die Negation der
Partikularitäten, die ihren Inbegriff an jenem Ganzen hat,
negativ« (ND 159). »Dem Bewußtsein der Scheinhaftigkeit
der begrifflichen Totalität ist nichts offen, als den Schein
totaler Identität immanent zu durchbrechen: nach ihrem eigenen Maß. Da aber jene Totalität sich gemäß der Logik
aufbaut, deren Kern der Satz vom ausgeschlossenen Dritten
bildet, so nimmt alles, was ihm nicht sich einfügt, alles qualitativ Verschiedene, die Signatur des Widerspruchs an. Der
Widerspruch ist das Nichtidentische unter dem Aspekt der
Identität; der Primat des Widerspruchsprinzips in der Dialektik mißt das Heterogene am Einheitsdenken. Indem es auf
seine Grenze aufprallt, übersteigt es sich. Dialektik ist das
konsequente Bewußtsein von Nichtidentität. Sie bezieht nicht
vorweg einen Standpunkt. Zu ihr treibt den Gedanken seine
unvermeidliche Insuffizienz, ·seine Schuld an dem, was er

denkt« (ND 15). In der negativen Dialektik geht also das Denken gegen sich selbst, erkennt und negiert seinen eigenen Herrschaftscharakter. Der dialektische Widerspruch ist der Schritt des Denkens hinter seinen eigenen Rücken, wo er das jeweils vom Begriff Verratene auffindet; im Auffinden aber entzieht es sich abermals dem Begriff, der nach ihm greift, in einen neuen Widerspruch, und so ad infinitum. Denn auch die negative Dialektik als Denken, das sich gegen sich selbst richtet, bleibt Denken unterm Identitätsprinzip, das sie negiert, in einer nach dem Identitätsprinzip organisierten Gesellschaft. Der Widerspruch ist das Nichtidentische unter dem Aspekt der Identität, also des Gesetzes dieses Weltzustandes: »Widerspruch ist Nichtidentität im Bann des Gesetzes« (ND 16); »Dialektik ist das Selbstbewußtsein des objektiven Verblendungszusammenhangs, nicht bereits diesem entronnen« (ND 396). Dialektik hört auf mit dem Aufhören des Verblendungszusammenhangs, gegen den sie andenkt, sie denkt das Denken zu Ende.

Dieses Zuendedenken bedeutet nun aber keineswegs Entscheidung zu der Natur, die am Anfang der Geschichte war, Rückkehr in sie. Es mündet nicht in eine undialektische Konfrontation von katastrophischer Geschichte und heiler Naturwelt. Vielmehr sind Herrschaftsdenken und Herrschaftshandeln des Menschen, mit denen er Natur unterwirft, selbst naturhafte Verhaltensweisen. »Menschliche Geschichte, die fortschreitender Naturbeherrschung, setzt die bewußtlose der Natur, Fressen und Gefressenwerden, fort« (ND 346 f.). »Die herkömmliche Antithesis von Natur und Geschichte ist wahr und falsch; wahr, soweit sie ausspricht, was dem Naturmoment widerfuhr; falsch, soweit sie die Verdeckung der Naturwüchsigkeit der Geschichte durch diese selber vermöge ihrer begrifflichen Nachkonstruktion apologetisch wiederholt.« (ND 349) Die idealistische Weltgeistthese Hegels ist nichts anderes als die ideologische Verklärung herrschender Natur und Naturgewalt in der Geschichte, des unentrinnbaren Verblendungszusammenhangs, zur höheren Notwendigkeit. Denn jene »zweite Natur«, »zu der die Gesellschaft gewuchert ist«

(ND 73), ist Entartung und Verblendung; das unter den
herrschenden Verhältnissen Unvermeidliche erscheint als das
Notwendige, das historisch Zufällige als das selbstverständlich
Gegebene. *Solche* Naturherrschaft über den Menschen, als
Umschlag aus der Naturbeherrschung des Menschen, ist aber
gerade nicht dem Menschen ›natürlich‹, sondern Folge seines
Verhaltens. So faßt Adorno auch den Marxschen Begriff der
Naturgesetze der Geschichte als polemisch: »Daß die An-
nahme von Naturgesetzen nicht á la lettre zu nehmen, am
wenigsten im Sinn eines wie immer gearteten Entwurfs vom
sogenannten Menschen zu ontologisieren sei, dafür spricht
das stärkste Motiv der Marxschen Theorie überhaupt, das
der Abschaffbarkeit jener Gesetze. Wo das Reich der Freiheit
begönne, gälten sie nicht mehr« (ND 346). Das Reich der
Freiheit ist ebensosehr Verzicht auf den Herrschaftsbann über
Natur wie Lösung vom Bann der Natur, vom archaischen
Mythos, als der Gesellschaft sich darbietet, vom Druck der
naturhaften Bedürfnisse, die naturhafte Verhaltensweisen
auslösen. »Fluchtpunkt des historischen Materialismus wäre
seine eigene Aufhebung, die Befreiung des Geistes vom Primat
der materiellen Bedürfnisse im Stand ihrer Erfüllung. Erst
dem gestillten leibhaften Drang versöhnte sich der Geist und
würde, was er so lange nur verheißt, wie er im Bann der
materiellen Bedingungen die Befriedigung der materiellen Bedürfnisse verweigert« (ND 205). »Naturverfallenheit besteht
in der Naturbeherrschung, ohne die Geist nicht existiert.
Durch die Bescheidung, in der dieser als Herrschaft sich bekennt und in Natur zurücknimmt, zergeht ihm der herrschaftliche Anspruch, der ihn gerade der Natur versklavt[32].«
Die Vorstellung einer Rücknahme des Geistes in Natur darf
hier nicht isoliert werden von der dialektischen Wendung des
Gedankens, daß in ihr Versklavung an die Natur aufhört,
daß also Natur, in die der Geist sich zurücknimmt, nicht mehr
die Natur ist, welcher der Geist gegenübersteht. Sie ist das
schlechthin Andere, nicht nur zum Geist in seiner Entstellung,

32 *Horkheimer / Adorno*, Dialektik der Aufklärung, S. 54.

sondern auch zur Natur in ihrer Entstellung. Der Ursprung
ist ein erst zu findender: »In dem konservativ klingenden
Satz von Karl Kraus ›Ursprung ist das Ziel‹ äußert sich auch
ein an Ort und Stelle schwerlich Gemeintes: der Begriff des
Ursprungs müßte seines statischen Unwesens entäußert werden. Nicht wäre das Ziel, in den Ursprung, ins Phantasma
guter Natur zurückzufinden, sondern Ursprung fiele allein
dem Ziel zu, konstituierte sich erst von diesem her« (ND 156).
»Das Bild des Ältesten an der Natur ist umschlagend die
Chiffre des noch nicht Seienden, Möglichen« (ÄT 115). Das
Herrschaftsverhalten, das am Anfang der Geschichte steht,
hat sein Maß nicht an der Natur, die war und sich in der
Geschichte perpetuiert — das Vergangene ist das Unfreie[33] —,
sondern an der, die kommen soll und die bei Adorno, wie
er mit ausdrücklichem Bezug auf das jüdische Theologumenon
sagt, unterm Bilderverbot steht. Sie ist das Absolute; das
Vorhandene ist das »bloß Seiende« (ÄT 191). »Das Absolute
jedoch, wie es der Metaphysik vorschwebt, wäre das Nichtidentische, das erst hervorträte, nachdem der Identitätszwang
zerging« (ND 396). Dieser Naturstand kann nicht ausgespro-
chen und positiv bestimmt werden, weil jedes Aussprechen
und Bestimmen Fortsetzung des schlechten Bestehenden in
der Herrschaft des Begriffs wäre — Adorno redet von ihm
lediglich konjunktivisch und in Andeutungen; diese Natur
kann weder ergriffen noch gemacht werden, sondern nur erscheinen auf der tabula rasa der totalen bestimmten Negation
des Ganzen als des Unwahren. »Philosophie, wie sie im Angesicht der Verzweiflung einzig noch zu verantworten ist,
wäre der Versuch, alle Dinge so zu betrachten, wie sie vom
Standpunkt der Erlösung aus sich darstellten. Erkenntnis hat
kein Licht, als das von der Erlösung her auf die Welt scheint[34].«
»Kein Licht ist auf den Menschen und Dingen, in dem nicht
Transzendenz widerschiene« (ND 394). Aber nur auf die
negierte Unwahrheit kann das Licht der Wahrheit, auf den
negierten Geist das Licht des Geistes, nur auf die negierte

33 S. ÄT 104.
34 *Theodor W. Adorno*, Minima Moralia, S. 480 (Nr. 153).

Natur das Licht der Natur fallen. »Die Idee von Versöhnung verwehrt deren positive Setzung im Begriff« (ND 146 f.). Nichts falscher, als die Erlösung des Menschen in der erlösten Natur regressiv bezogen auf die vorhandene zu verstehen, denn sie meint zugleich einen vernünftigen Zustand, durch Rationalität abgedämmt gegen die terrorisierende Verschlungenheit und Vieldeutigkeit der ungeschiedenen anfänglichen Natur[35]. Der Geist, der sich versöhnen und zurücknehmen soll, das Subjekt, das seine Verhärtung auflösen soll, sollen nicht zurückgesogen werden in Natur — das geschieht vielmehr gerade in der Geschichte —, sondern über sich hinaustreten in einer kommenden Natur. Adornos Formulierung, Geschichte habe bis heute »kein wie immer konstruierbares Gesamtsubjekt« (ND 297), läßt anklingen, daß in kommender Natur ein solches Gesamtsubjekt erscheinen wird.

Adornos unterm Bilderverbot stehender Zustand der Versöhnung ist so entschieden aufs Nichtidentische gerichtet, daß auch die marxistische Vision der kommunistischen Gesellschaft abgelehnt wird, nicht nur, sofern sie den Menschen im Stand der Naturbeherrschung meint, sondern auch, sofern sie sich, wie beim frühen Marx oder beim frühen Lukács, aus der Verdinglichungs- und Entfremdungskritik ergibt. »Wem das Dinghafte als radikal Böses gilt; wer alles, was ist, zur reinen Aktualität dynamisieren möchte, tendiert zur Feindschaft gegen das Andere, Fremde, dessen Name nicht umsonst in Entfremdung anklingt; jener Nichtidentität, zu der nicht allein das Bewußtsein sondern eine versöhnte Menschheit zu befreien wäre« (ND 189). »Der versöhnte Zustand annektierte nicht mit philosophischem Imperialismus das Fremde, sondern hätte sein Glück daran, daß es in der gewährten Nähe das Ferne und Verschiedene bleibt, jenseits

---

35 Das scheint mir *Günter Rohrmoser* bei seiner Kritik an *Adorno* in: »Das Elend der Kritischen Theorie« zu übersehen. Auch *Theunissen* in: »Gesellschaft und Geschichte«, S. 17 f. u. ö., dürfte von einem solchen Mißverständnis nicht ganz frei sein.

des Heterogenen wie des Eigenen. Die unermüdliche Anklage von Verdinglichung sperrt sich jener Dialektik, und das verklagt die geschichtsphilosophische Konstruktion, die jene Anklage trägt« (ND 190)[36]. Noch entschiedener ist diese Polemik gegen alle idealistischen dreistufigen geschichtsphilosophischen Konstruktionen gerichtet, die aus der ursprünglichen Natur über den Abfall von Natur in die aus dem Geist wiederhergestellte Natur münden, da sie in Synthesen gedacht sind, also die Natur auf den Begriff bringen[37]. Ebenso ist die Nähe zur Eschatologie in Adornos Denken auf dem Grunde eines entschiedenen Gegensatzes gegeben: Wenn in der totalen konkreten Negation des Vorhandenen, einer Art intellektuellem Weltgericht, die Versöhnung erscheint, ist das kein zeitliches Verhältnis von Gegenwart und Zukunft, sondern ein Bedingungsverhältnis. Der Augenblick der Versöhnung ist in paradoxer Weise da und auch nicht da. Er setzt keine Entwicklung voraus, vielmehr eine unbedingte Wende. Von hier aus wird noch einmal deutlicher, was Adornos Beharren auf der Nichtnotwendigkeit der Geschichte, seine Überlegung, »ob der Antagonismus im Ursprung menschlicher Gesellschaft, ein Stück prolongierter Naturgeschichte, als Prinzip homo homini lupus ererbt oder erst θέσει geworden sei« (ND 313), besagt. »Universalgeschichte ist zu konstruieren und zu leugnen. [...] Geschichte ist die Einheit von Kontinuität und Diskontinuität« (ND 312). Negativ meint diese Position Absage an die Konstruktion des Weltgeistes. Geschichte ist Zusammenhang lediglich als Kontingenz des Un-

---

36 Vgl. auch ND 172.

37 *Schiller*, der eine zentrale Stellung in der Geschichte dieser Spekulation einnimmt, formiert zwar in seinen Briefen »Über die ästhetische Erziehung des Menschen« die Begriffe zu Paradoxien, wo er vom ästhetischen Zustand spricht, in dem sich die Wiederherstellung des Menschen aus den Widersprüchen der Gesellschaft vorbildet; bei *Adorno* steht aber schon das begriffliche Denken selbst letztlich unter der Paradoxie.

heils, und das heißt, sofern dieser Unheilszusammenhang
auf das Ende der Menschheit zuläuft — also das Ende aller
Kontinuität —, daß in jedem Schritt auf dieses Ende zu Diskontinuität manifest ist, der letzte Kontinuitätsbruch sich
ankündigt. Positiv meint diese Position, daß in jedem Moment des kontingenten Unheils Möglichkeiten des Heils
unterdrückt worden sind, die nicht nur deshalb kein Kontinuum ausbilden konnten, sondern auch wesentlich gar nicht
auf Kontinuität angelegt sind, vielmehr auf Ende der Geschichte, Erscheinen der Wahrheit. In ihrem Erscheinen aber
und erst in ihm löst sich das »Tabu über dem geschichtlichen
Telos« (ÄT 56); erst vom Ende der Geschichte her kann sie
Sinn gewinnen als eine Geschichte des Möglichen. »Womit
negative Dialektik ihre verhärteten Gegenstände durchdringt,
ist die Möglichkeit, um die ihre Wirklichkeit betrogen hat
und die doch aus einem jeden blickt« (ND 60). Doch »nur
wenn es anders hätte werden können; wenn die Totalität,
gesellschaftlich notwendiger Schein als Hypostasis des aus
Einzelmenschen herausgepreßten Allgemeinen, im Anspruch
ihrer Absolutheit gebrochen wird, wahrt sich das kritische
gesellschaftliche Bewußtsein die Freiheit des Gedankens, einmal könne es anders sein. Theorie vermag die unmäßige
Last der historischen Nezessität zu bewegen allein, wenn
diese als der zur Wirklichkeit gewordene Schein erkannt ist,
die geschichtliche Determination als metaphysisch zufällig.
Solche Erkenntnis wird von der Geschichtsmetaphysik hinter-
trieben. Der heraufziehenden Katastrophe korrespondiert eher
die Vermutung einer irrationalen Katastrophe in den An-
fängen. Heute hat sich die vereitelte Möglichkeit des Anderen zusammengezogen in die, trotz allem die Katastrophe
abzuwenden« (ND 315). Bleibt die Frage, wie denn die Konzeption einer Geschichte, in der ein Telos ist, wenn auch
unterm Tabu, in der aber auch die falsche Naturwüchsigkeit
der Unvermeidlichkeit herrscht, mit der These zu vereinbaren
sei, daß alles hätte anders kommen können. Wenn Freiheit
geschrumpft ist in der Unvermeidlichkeit der Geschichte, ist
dann in einem einmaligen Akt, der den Anfang der Ge-

schichte ausmachte, zum einzigen Mal Freiheit vorhanden gewesen und versäumt worden? Die Frage dürfte so falsch
gestellt sein, denn Freiheit erscheint als nicht realisierte Möglichkeit erst im Licht der erscheinenden Natur. Das Herrschaftsverhalten, mit dem Geschichte beginnt, ist nicht nur
darin vom Sündenfall unterschieden, daß die Natur, die damit
verlassen wird, kein Paradies ist, sondern auch darin, daß
dieses Verhalten der Konfrontation mit Natur eben auch
naturhaft und von Natur diktiert ist, nämlich Akt der Selbsterhaltung und Selbstdurchsetzung. »Der Zirkel der Identi-
fikation [...], [die] totalitäre und darum partikulare Rationalität war geschichtlich diktiert vom Bedrohlichen der Natur«
(ND 172). Daß alles hätte anders kommen können, bezeichnet nicht die Möglichkeit einer anderen Geschichte der Freiheit, sondern die Möglichkeit des Nichtstattfindens von Geschichte, das heißt aber auch, des Nichtstattfindens der
Möglichkeit von Freiheit und damit der Möglichkeit, Natur
als Reich der Erlösung zu erfahren. Das bedeutet mithin:
die Welt könnte auch nicht sein. In verhüllter Gestalt lebt
hier das theologische Problem der Theodizee mit seinen
Aporien weiter.

Erst von der Entfaltung der Naturkonzeption Adornos her
kann das Ausgehen seiner Philosophie vom Objektiven verstanden werden. Dieses Objektive ist nicht Hegels objektiver,
schließlich absoluter Geist, der dann doch wieder Subjekt
wäre; es ist nicht das dem Denken Andere, auf den Begriff
gebracht und damit denaturiert, wie Marx' Vorstellung der
klassenlosen Gesellschaft, in der Entfremdung aufgehoben ist;
es ist das dem Denken schlechthin Andere, in seiner Andersheit ernstgenommen — das allerdings nur unter dem Bann der
Geschichte als Objekt erscheint: »Die materialistische Sehnsucht, die Sache zu begreifen, will das Gegenteil: nur bilderlos
wäre das volle Objekt zu denken« (ND 205). Das Objekt
ist das Substrat der Geschichte und des denkenden Subjekts
selbst, die beherrschte, den Menschen rückwirkend ihrer
Herrschaft unterwerfende Natur, die in der Spiegelschrift des
Widerspruchs auf die verweist, die erscheinen müßte:

»[. . .] das Seiende wird doch in den Brüchen, welche die
Identität Lügen strafen, durchsetzt von den stets wieder gebrochenen Versprechungen jenes Anderen« (ND 394).

Vorrang des Objekts meint also bei Adorno nicht einfach
den Vorrang der Gesellschaft vor dem Einzelmenschen. Dieser
ist zwar gegeben, dergestalt, daß sich die gesellschaftlichen
Normen, Verhältnisse, Prozesse, Vorstellungen, Verständi-
gungsmittel in den Menschen niederschlagen und sie integrieren, aber die Gesellschaft ist nicht schlechthin das Objektive. »[. . .] die objektive Determinante des Geistes,
Gesellschaft«, ist vielmehr »ebenso ein Inbegriff von Subjekten [. . .] wie deren Negation« (ND 20). Sie ist ein
Inbegriff von Subjekten: »Angesichts der Tatsache, daß noch
die übermächtigen sozialen Prozesse und Institutionen in
menschlichen entsprangen, wesentlich vergegenständlichte Arbeit lebendiger Menschen, hat die Selbständigkeit des Übermächtigen zugleich den Charakter von Ideologie, eines gesellschaftlich notwendigen Scheins, der zu durchschauen und
zu verändern wäre«[38]. Die Selbständigkeit des Übermächtigen als Herrschaft des Tauschverhältnisses ist Negation des
Subjektiven im Namen einer Objektivität, die aus dem dialektischen Umschlag der Naturbeherrschung des Menschen in
die Beherrschung des Menschen durch die Natur entspringt,
also gar nicht wahre Objektivität, nämlich das Andere als
das Nichtidentische, sondern leidige Objektivität des herrschenden Identitätsprinzips ist. Die Subjekte sind unkenntlich
in der Gesellschaft und entmächtigt; »darum ist sie so verzweifelt objektiv und Begriff, wie der Idealismus als Positives
es verkennt« (ND 20). Diese verzweifelte Objektivität der
Gesellschaft ist also gerade eine zu überwindende. Adornos
Satz über die objektive Determinante des Geistes, Gesellschaft,
ließe sich aber auch umkehren. Das subjektive Moment des
Geistes, das Subjekt, ist ebenso ein Inbegriff von Objektivem wie dessen Negation. Ein Inbegriff von Objektivem,

38 *Theodor W. Adorno*, Aufsätze zu Gesellschaftstheorie und Me-
thodologie, Frankfurt 1970, S. 146.

nicht nur in dem Sinne der »Übermacht des Objektivierten in den Subjekten, die sie daran hindert, Subjekte zu werden« (ND 171), sondern auch in der Umkehrung, daß das Subjekt eine — wenn auch geschichtlich entstellte — Erscheinung des Besonderen ist, das gerade durch das Identitätsprinzip unterdrückt wird, darin Manifestation des wahren Objektiven und daher allein befähigt, in der Negation des Identitätsprinzips die Herrschaft des Allgemeinen und des Begriffs negativ dialektisch aufzuheben, denn in seiner Besonderung spürt das Subjekt die Widersprüche zwischen dem Begriff und dem Besonderen[39]. Mit individuellem Geist verknüpft sich das kritische Moment[40]; deshalb bedarf das Objekt der subjektiven Reaktionsweisen[41]: »Die Übermacht des Objektivierten in den Subjekten, die sie daran hindert, Subjekte zu werden, verhindert ebenso die Erkenntnis des Objektiven« (ND 171). »In der Sache wartet das Potential ihrer Qualitäten auf das qualitative Subjekt« (ND 52). Kritische Subjekte müssen das Objektive in der Gesellschaft als »objektive Determinante« des Geistes erst verwandeln und erzielen, indem sie denkend den Bann der falschen Naturwüchsigkeit und ihrer verzweifelten Objektivität brechen. In der Natur, die erscheinen soll, wird die negative Dialektik von Subjekt und Objekt aufhören. Im Vergehen des Identitätszwanges wäre eine Kollektivität des Vielen, Besonderen, die ihr Glück darin hätte, »daß es in der gewährten Nähe das Ferne und Verschiedene bleibt, jenseits des Heterogenen wie des Eigenen« (ND 190). Von hier aus gesehen aber wird auch deutlich, worin das Individuum zugleich Negation des Objektiven ist, nicht nur des verzweifelten Objektiven der zur zweiten Natur gewordenen Gesellschaft, sondern auch des Objektiven als des Nichtidentischen, das in ihm, dem Besonderten, seine geschichtliche Erscheinung hat: Als Besonderes in der Gestalt des sich aufspreizenden Subjekts ist es Herrschaftssubjekt. In der »Anstrengung, das dem Subjekt Ungleiche ihm gleichzumachen«

39 S. ND 53.
40 S. ND 53.
41 S. ND 55.

(ND 240), besteht es auf derselben Identität, die doch Vernichtung des Besonderen meint, in dessen Zeichen es angetreten ist. Hier ist der Grund, warum die in der Naturbeherrschung zur Herrschaft kommende Natur, nämlich das Herrschaftsprinzip der Identität, das Subjekt liquidiert, das die Natur durch Herrschaft liquidiert. Hier ist aber auch der Grund, wieso das Potential der Qualitäten in der Sache, also im Objektiven, auf das »qualitative Subjekt, nicht dessen transzendentales Residuum« wartet (ND 52). Das transzendentale Subjekt ist nämlich gerade dasjenige, in dem das Besondere im Kategorialen untergegangen ist. Die wahre Weise der Korrektur der subjektiven Reaktionsweisen am Objekt, dessen diese ebenso bedürfen, wie das Objekt der subjektiven Reaktionsweisen bedarf, liegt demgegenüber in der Selbsterweiterung durch Selbstbesinnung[42]. »Zum Subjekt wird das Individuum, insofern es kraft seines individuellen Bewußtseins sich objektiviert, in der Einheit seiner selbst wie in der seiner Erfahrungen« (ND 54). In ihr findet es das Besondere sowohl wie das Allgemeine, das in ihm sedimentiert ist und mit dessen Hilfe es sich allein artikulieren kann. Die »Qual, daß jene Allgemeinheit die Tendenz hat, in der individuellen Erfahrung die Vorherrschaft zu erlangen« (ND 54), treibt das Subjekt zu der doppelten Negation: dessen, was das Subjekt zu beherrschen droht, und dessen, wodurch es selbst zu herrschen droht. In dieser Negation besteht das Wesen kritischer Vernunft und das utopische Potential des Gedankens, »daß er, vermittelt durch die in den einzelnen Subjekten verkörperte Vernunft, die Beschränktheit der so Denkenden durchbräche« (ND 132) — es ist die Richtung des Denkens auf das Objekt als dasselbe und das Andere des Subjekts. In der Qual der Bedrohung durch das Allgemeine, dessen Herrschaft mit dem Subjekt auch die Chance kritischen Denkens auslöschen würde, liegt es aber, daß individuelles Bewußtsein »stets fast, und mit Grund, das unglückliche« ist (ND 53).

42 S. ND 54.

Liegt hier der Kern von Adornos Erkenntnistheorie offen, so auch der Kern seines Freiheitsbegriffs, der Freiheit ebensosehr an die Stärkung des Ichs bindet[43] und damit an seine Erfahrung von Leid[44] wie an vorindividuelle Kollektiverfahrungen, die der Verhärtung im Subjekt widerstreiten: »Einzig wofern einer als Ich, nicht bloß reaktiv handelt, kann sein Handeln irgend frei heißen. Dennoch wäre gleichermaßen frei das vom Ich als dem Prinzip jeglicher Determination nicht Gebändigte, das dem Ich, wie in Kants Moralphilosophie, unfrei dünkt und bis heute tatsächlich ebenfalls unfrei war« (ND 220). Vor allem ist aber deutlich geworden, welche Konsequenzen der Vorrang des Objekts für die Philosophie Adornos insgemein enthält. »Das Andere ist — als ›Licht der Erlösung‹ — die nichttranszendentale Bedingung der Möglichkeit von Erkenntnis und Philosophie als subjektiven Verhaltensweisen. Wird aber derart die Identität von Philosophie und Wahrheit gebrochen, so verliert Philosophie ihre Selbigkeit: Wahrheit bestimmt sich nicht mehr, wie in der bisherigen Philosophie, als Denken des Denkens, sondern als ›unauflösliche Objektivität‹ (Th. W. Adorno, Drei Studien zu Hegel. edition suhrkamp 38, Frankfurt 1963, S. 18). [...] Diese kann sich Philosophie nicht einverleiben, geschweige denn aus sich selbst setzen; Setzen und Intendieren bleiben vielmehr in die Immanenz der Subjektivität gebannt. Darum wird Wahrheit synonym mit dem Intentionslosen, Nicht-Gemachten. Philosophie kann ihrer innewerden nur, indem sie, ›dem Ideal nach, in der Sache verschwindet‹ (Th. W. Adorno, Kritische Modelle 2. Frankfurt 1969. edition suhrkamp 347, S. 14). Sie ist um des Nicht-Philosophischen willen[45].« Im Begriff der negativen Dialektik liegt das Ende der Dialektik,

---

43 S. ND 219.
44 S. ND 258 ff.; ferner: »[...] Leiden ist Objektivität, die auf dem Subjekt lastet; [...] Die Freiheit der Philosophie ist nichts anderes als das Vermögen, ihrer Unfreiheit zum Laut zu verhelfen« (ND 27).
45 Zitat aus einem ungedruckten Seminarmanuskript von *F. A. Kittler*, Kunst und Metaphysik. Zu Th. W. Adornos Ästhetik.

sofern sie sich auf sich selbst anwendet; sie hebt sich nicht im Absoluten auf, sondern vor dem Absoluten, das in der Transzendenz verharrt: »[...] der Gedanke, der sich nicht enthauptet, [mündet] in Transzendenz [...], bis zur Idee einer Verfassung der Welt, in der nicht nur bestehendes Leid abgeschafft, sondern noch das unwiderruflich vergangene widerrufen wäre« (ND 393). Auch der theologische Inhalt des Erlösungsmodells ist hier nicht zu übersehen und wird von Adorno einbekannt: »Mit der Theologie kommt [der Materialismus] dort überein, wo er am materialistischsten ist. Seine Sehnsucht wäre die Auferstehung des Fleisches« (ND 205). Soweit Adornos Philosophie vom Licht dieser Erlösung her denkt, ist sie Metaphysik. Die Kehrseite ihrer Dialektik ist ein gnostisches Mythologem, das vom Anderen ausgeht, als unsagbar, undenkbar und unabbildbar, und diese Prädikate umschreiben negativ seine unausschöpfliche Substantialität, Objektivität, Leibhaftigkeit[46]. Polemisiert Adorno gegen Hegels Rückfall in die Tradition des Neuplatonismus, nämlich dessen Begriffsrealismus[47], so zeigt sich an seiner eigenen Philosophie die Spiegelverkehrung dieser Position: Leidet im Platonismus der Begriff eine Seinsminderung in der Realität und Materialität, dann erleidet bei Adorno die Realität und Materialität eine Seinsminderung im Begriff und in der vom begrifflichen Denken organisierten Gesellschaft. Adornos Dialektik, in immer neuen Vermittlungen auf dieses Andere gerichtet, bleibt ihm doch unvermittelt, und deshalb kennt sie auch kein dialektisches Verhältnis von Leid und Glück. Die Dialektik kreist in sich, im Leiden, im bloß Seienden. »Denn Leiden ist Objektivität, die auf dem Subjekt lastet« (ND 27). »Als Bewußtsein von Nichtidentität durch Identität hindurch ist Dialektik nicht nur ein fortschreitender sondern

---

46 S. *Kittler*, Kunst und Metaphysik. Bereits *Günter Rohrmoser*, Das Elend der Kritischen Theorie, S. 23, bringt den Satz »Das Ganze ist das Unwahre« mit der Gnosis in Verbindung.
47 S. ND 23.

zugleich retrograder Prozeß; soweit beschreibt das Bild des Kreises sie richtig« (ND 158).

Eine Skizze der Grundfigur von Adornos Denken ist notwendig für das Verständnis seiner Ästhetik, nicht weil hier eine philosophische Spezialdisziplin von ihrem Ort im System her begriffen werden müßte, sondern weil zum Verständnis der Ästhetik erkannt werden muß, daß Adornos Philosophie erst als Ästhetik zu Ende gedacht werden kann, daß also die Ästhetik alle Motive seines Denkens engführt. »Ästhetik ist [...] keine angewandte Philosophie sondern philosophisch in sich« (ÄT 140); Adornos Kritische Theorie gibt keine Theorie der Ästhetik, sie ist »ästhetische Theorie«. Diese Zuspitzung der Theorie in der Ästhetik ist begründet in ihrem Gegenstand, dem Kunstwerk. Es nimmt in Adornos Denken eine eigentümliche Schlüsselstellung zwischen Sein und Bewußtsein ein: Es ist seiner Intention nach Sein ohne Herrschaft und Bewußtsein ohne Begriff. Die heutige Welt ist so in Verderbnis geronnen, daß jedes praktische Eingreifen in sie den Herrschaftszusammenhang verfestigt, den es zu brechen gilt. Das Denken ist zwar ein Gegenüber zur Praxis, aber es bleibt als Verhalten auch ein Stück Praxis; dennoch ist es auf die Wahrheit als Erkenntnis objektiv bezogen. Im Leben, wie es ist, kann also die *Wahrheit* nicht erscheinen; im Denken aber kann sie nicht *erscheinen.* Das Kunstwerk dagegen ist in seinem Wesen Erscheinung. »Am nächsten kommt dem Kunstwerk als Erscheinung die apparition, die Himmelserscheinung« (ÄT 125). Sie ist verwandt dem, was Benjamin Aura nennt[48], auch der Epiphanie[49] und der Offenbarung[50]; apparition kat exochen aber — in der Weise des Kunstwerks — ist das Feuerwerk[51]. Die Erscheinung ist über sich hinausweisend[52]: Erscheinung im prägnanten Verstande

48 S. ÄT 123.
49 S. ÄT 125, 159.
50 S. ÄT 162.
51 S. ÄT 125.
52 S. ÄT 122 f.

ist die eines Anderen[53] — es ist das Andere der negativen
Dialektik, das nicht positiv gedacht und nicht positiv gemacht
werden kann: Die apparition geht über den Menschen auf,
»ihrer Intention entrückt« (ÄT 125). »In jedem genuinen
Kunstwerk erscheint etwas, was es nicht gibt« (ÄT 127).
Was nun allerdings die apparition der Kunstwerke von den
Epiphanien unterscheidet, ist, daß sie Erscheinung um den
Preis der Leibhaftigkeit des Erscheinenden ist[54]. Apparition
ist, verglichen mit der unter dem Bann der Dauer, der Nicht-
durchbrechbarkeit stehenden Realität, »empirisch Erscheinendes, befreit von der Last der Empirie als einer der Dauer«
(ÄT 125) — sie ist Ausbruch aus den Verhärtungen. Verglichen aber mit der Epiphanie ist sie nur Schrift von etwas.
Noch weiter: Die Schrift der Werke ist eine, die doch nicht
ihrer Bedeutung nach sich lesen läßt[55], bedeutungsferne
Sprache, die keine sagende ist[56]. Negativ bedeutet die Bedeutungsferne dieser Schrift, daß sie Chiffre ist, Geheimzeichen: das Chiffrierte der Kunstwerke ist »die eine Seite
ihrer apparition« (ÄT 127); positiv liegt darin, daß sie nicht
begriffliche Sprache ist, die als solche dem Anderen Gewalt
antut, sondern Konstellation, also Bildsprache der Natur, wie
die Konstellationen der Astrologie, die in einem wesentlichen
Verhältnis zum Bezeichneten stehen, ja, es in repräsentativer
Weise sind. Das Chiffrierte ist in der Chiffre, weil sie Konstellation ist, zwar nicht »unmittelbar Daseiendes« (ÄT 127),
aber mittelbar Daseiendes. Adorno deutet auf beide Seiten
des Sachverhalts, wenn er die Schrift der Kunstwerke hiero-
glyphenhaft nennt[57]. Hieroglyphen sind bildgewordene
Schrift, schriftgewordenes Bild, das heißt, sie haben als Bilder
Sinn in sich, während sie als Schrift verweisen; sie sind Be-
schwörungszeichen und Geheimzeichen, und zwar solche, die

53 S. ÄT 123.
54 S. ÄT 125.
55 S. ÄT 125.
56 S. ÄT 123.
57 S. ÄT 189.

aufblitzen. Denn die apparition ist nicht einfach bedeutungsferne Schrift, sondern »aufblitzende und vergehende Schrift« (ÄT 125), Schrift, die erscheint, indem sie verbrennt, verschwindet. Die Erscheinung erscheint als Explosion, als explodierende Konstellation und Chiffre, und ist als solche Augenblick und Ewigkeit: »Der Augenblick des Erscheinens in den Werken [...] ist die paradoxe Einheit oder der Einstand des Verschwindenden und Bewahrten« (ÄT 124). »Verewigt wird die stillstehende Bewegung im Augenblick, und das Verewigte vernichtet in seiner Reduktion auf den Augenblick« (ÄT 132). Sofern die apparition als Explosion erscheinende Schrift der Wahrheit ist, ist sie Ewigkeit, Ende der Zeit; das bedeutet aber, die Explosion ist zugleich Kristallisation und Einstand, stillstehende Bewegung. Sofern in der apparition als Explosion die Botschaft nur als verschwindende lesbar wird, geht das Ewige im Augenblick unter. So ist die apparition in den Werken »Schein des Scheinlosen« (ÄT 199), eine Formel, die in verschiedenen Richtungen gelesen werden kann: Schein, als Aufscheinen und doch nur Schein der Wahrheit, die sich im Erscheinen entzieht; die Wahrheit scheinend als das Scheinlose, nämlich als das, was nichts Scheinhaftes an sich hat, sondern reines Dasein ist; als das Scheinlose aber auch, das keinen Schein wirft, als das Andere nicht in unserer Welt erscheint und doch in der apparition in den Werken aufscheint im Entzug. Schein und Scheinlosigkeit kommen im Kunstwerk aber auch darin zur Koinzidenz, daß in der apparition das Versprechen der Werke auf Erscheinen der Wahrheit eingelöst wird in einer Weise, die ihr Scheinhaftes im Erscheinen der Wahrheit als solches einbekennt und im Erscheinen verschwinden läßt: »Durch ihre Bestimmung als Erscheinung ist der Kunst ihre eigene Negation teleologisch eingesenkt; das jäh Aufgehende der Erscheinung dementiert den ästhetischen Schein« (ÄT 132)[58].

---

58 Vgl. ÄT 123: »Zu Erscheinungen im prägnanten Verstande, denen eines Anderen, werden Kunstwerke, wo der Akzent auf das Unwirkliche ihrer eigenen Wirklichkeit fällt.«

Die seit je für Kunst zentrale Kategorie des Scheins verkehrt damit ihren Sinn: Schein bedeutet nicht mehr primär eine Verweisung innerhalb dieser Welt oder aus ihr heraus, sondern umgekehrt eine Relation — das »Erscheinen« des Anderen — zu dieser Welt. »Noch auf ihren höchsten Erhebungen ist Kunst Schein; den Schein aber, ihr Unwiderstehliches, empfängt sie vom Scheinlosen. Indem sie des Urteils sich entschlägt, sagt sie, zumal die nihilistisch gescholtene, es sei nicht alles nur nichts. Sonst wäre, was immer ist, bleich, farblos, gleichgültig. Kein Licht ist auf den Menschen und Dingen, in dem nicht Transzendenz widerschiene. Untilgbar am Widerstand gegen die fungible Welt des Tauschs ist der des Auges, das nicht will, daß die Farben der Welt zunichte werden. Im Schein verspricht sich das Scheinlose« (ND 394 f.)[59].

Apparition als Explosion ist der *eine* prägnante Zug im Prototypischen des Feuerwerks für das Kunstwerk; der andere ist: Das Feuerwerk ist »Himmelszeichen und hergestellt in eins« (ÄT 125). So auch das Kunstwerk. Es ist intendiert um des Intentionslosen willen; Erscheinung, die stattfindet, wo die Praxis an ihr Ende kommt, aber auch nur da, gleich wie negative Dialektik nicht Verzicht auf Denken, sondern Zuendedenken meint. »Von allen Paradoxien der Kunst ist wohl die innerste, daß sie einzig durch Machen, die Herstellung besonderer, spezifisch in sich durchgebildeter Werke, nie durch unmittelbaren Blick darauf das nicht Gemachte trifft, die Wahrheit. Zu ihrem Wahrheitsgehalt stehen die Kunstwerke in äußerster Spannung. Während er, begriffslos, nicht anders als im Gemachten erscheint, negiert er das Gemachte« (ÄT 199). Hier ist die Spezifikation von Erscheinung und Untergang als Vernichtung: Das Erscheinende vernichtet das Gemachte im Kunstwerk, das Gemachte will vom Erscheinenden vernichtet werden; »die geschichtliche Perspektive eines Untergangs der Kunst ist die Idee eines jeden einzelnen« Kunst-

---

59 S. *Kittler*, Kunst und Metaphysik.

werks (ÄT 199) — eine Perspektive, welche die Umkehrung eines Untergangs der Kunst an der Unmenschlichkeit der geschichtlichen Realität bedeutet: Ende der Kunst, nicht weil die Spur der Wahrheit verlischt, sondern weil die Wahrheit wirklich wird in der Negation des Vorhandenen. Jedes Kunstwerk macht die nichtzeitliche Apokalypse, die in der negativen Dialektik gedacht ist, vor, wenn auch immer noch im Entbehrungsstand einer Negation der Negation, die nicht Position wird. »Die Erfahrung der Kunstwerke hat zum Fluchtpunkt, daß ihr Wahrheitsgehalt nicht nichtig sei« (ÄT 199). Mag das Kunstwerk am weitesten an die Grenze der Negativität herangetrieben sein — es durchbricht sie doch auch nicht, macht sie allenfalls durch Selbstnegation transparent für die Spur der Wahrheit, die ihrerseits nur durch Selbstnegation und Daseinsminderung in diese Welt der Negativität und des geminderten Daseins fallen kann. Der Substantialität, Objektivität und Leibhaftigkeit des gnostischen Mythologems entsprechend, als welches das Andere von Adornos negativer Dialektik identifiziert wurde, sind seine Bekundungen »in die Welt hinein selber gleichsam material, das heißt keine bloß gedanklichen Relationen. Die Metapher des Lichts als Modus der Transmission des Anderen steht dafür ein. Zugleich aber zeigt sie schon die Seinsminderung an, die dem Anderen widerfährt, wenn es sich in diese Welt begibt. Es ist in ihr nie leibhaft präsent, sondern — auch dies ist gnostisch — kann nur ›Stellvertreter‹ entsenden[60].«

Die Kunstwerke sind also für Adorno »einzige Anamnesis dessen, was jenseits des χωρισμός seinen Ort hätte« (ÄT 124) — und zwar im Untergang, »der das Kunstwerk, die reine Hülle, zurückläßt, wie Mignons ungeheure Verse es weissagen« (ÄT 199). Gerade der falsche Goethe-Bezug Adornos an dieser Stelle zeigt den vollen Gegensatz zum klassischen Verständnis von Kunst: Wenn bei Goethe Genius- und Göttergestalten wie Mignon, die Göttin Wahrheit in der

60 S. *Kittler*, Kunst und Metaphysik.

»Zueignung« oder Helena in »Faust II« auffahren unter Zurücklassung der Hülle, dann deshalb, weil das Unmittelbare nicht für diese Welt ist, nicht nur mehr, sondern auch weniger als sie. Die Hülle, der Schleier, ist bei Goethe Symbol des Symbols und das Kunstwerk höchstes Zeugnis und Produkt des symbolischen Anschauens. In ihm erscheint Wahrheit nicht im Verbrennen der Erscheinung, sondern in ihrem reinen Dasein, in dem die Idee, sich trübend, doch auch erst real wird. Bei Adorno ist die Annäherung an die Realität Daseinsminderung, bei Goethe Daseinsmehrung. Die Wahrheit ist ihm Daseiendes, in Adornos Eschatologie der Blitz des Kommenden; bei Goethe der Kern der Werke, bei Adorno deren Jenseits. Für Goethe sind die Werke symbolisch, für Adorno allegorisch, wie für Benjamin, der nicht zufällig im barocken Trauerspiel sein Thema fand. Die Verneinung des Daseienden um dessen willen, das da als das ganz Andere einbrechen soll, ist Renaissance barocker Weltverneinung, die in der Allegorie das Reale negieren und abtöten muß, damit der Sinn herausspringt. »Kunstwerke verbieten sich durch Autonomie ihrer Gestalt, das Absolute in sich einzulassen, als wären sie Symbole« (ÄT 159). Sie sind »Allegorie scheinlos gegenwärtigen Glücks« (ÄT 197), ja, »nicht nur Allegorien sind die Kunstwerke, sondern deren katastrophische Erfüllung« (ÄT 131) — explosives Auseinandertreten eben von Daseiendem und Wahrheit[61]. In dieser Explosion der apparition, in der die Wahrheit erscheint, ohne sich zu realisieren, »im Aufgang eines Nichtseienden, als ob es wäre, hat die Frage nach der Wahrheit der Kunst ihren Anstoß« (ÄT 128). An der Wahrheit der Kunst ist Lüge, denn sie ist ein Versprechen auf Glück, aber »nichts bürgt dafür, daß sie ihr objektives Versprechen halte« (ÄT 129). Noch ein weiteres: »Selbst an radikaler Kunst ist soviel Lüge, wie sie das Mögliche, das sie als Schein herstellt, dadurch herzustellen versäumt. Kunstwerke ziehen Kredit auf eine Praxis, die noch

61 Ein pejorativer Gebrauch des Begriffs Allegorie findet sich ÄT 195.

nicht begonnen hat und von der keiner zu sagen wüßte, ob
sie ihren Wechsel honoriert.« (ÄT 129) Kunstwerke, radikale
Kritik des Bestehenden, sind affirmativ, indem sie sich hin-
ausbegeben aus der empirischen Welt und eine dieser ent-
gegengesetzte eigenen Wesens hervorbringen, so als ob diese
ein Seiendes wäre. Vermöge ihrer Absage an die Empirie
sanktioniert Kunst deren Vormacht[62]. Als Wahrheit und
Lüge in Hinsicht auf ihr eigenes Wesen und ihr Verhältnis
zur Realität ist die Kunst auch in beiden Hinsichten Sündenfall und Versöhnung in einem. Wahrheit ist, was sein wird,
wenn Versöhnung ist. Versöhnung aber ist in den Werken,
weil in ihrer begrifflosen Sprache und ihrem herrschaftslosen
Sein der Geist nicht länger der alte Feind der Natur ist: »Er
sänftigt sich zum Versöhnenden.« Versöhnung »ist ihre eigene
Verhaltensweise, die des Nichtidentischen innewird. Der Geist
identifiziert es nicht: er identifiziert sich damit« (ÄT 202).
»Der Geist der Kunstwerke ist ihre immanente Vermittlung«
(ÄT 134); er stellt die Konfiguration der sinnlichen Momente her, aus der er doch wiederum entspringt. Der Geist
zerbricht in der apparition die Gestalt, die er konstituiert
und durch die er sich konstituiert, ist ebenso Hauch, Pneuma,
spiritus wie das Innere der Werke[63] — und ist doch nicht
die Wahrheit, denn die Wahrheit wäre »ein Wirkliches unmittelbar« (ÄT 136), der Geist aber ist es nur scheinhaft. Er
ist ebenso scheinhaft das Versöhnende, denn seiner Vermittlung ist das Gewaltsame nie auszutreiben, den Materialien
nicht ihr Opakes, Geistfernes. Selbst wo das Kunstwerk höch-

---

62 ÄT 10. Gegen *Marcuses* These vom affirmativen Charakter
der Kultur heißt es aber bei *Adorno:* »Ist Affirmation tatsächlich ein Moment von Kunst, so war selbst sie so wenig je durchaus falsch wie die Kultur, weil sie mißlang, ganz falsch ist. Sie
dämmt Barbarei, das Schlimmere, ein; unterdrückt Natur nicht
nur, sondern bewahrt sie durch ihre Unterdrückung hindurch;
in dem vom Ackerbau entlehnten Begriff der Kultur schwingt
das mit. Leben hat sich, auch mit dem Prospekt eines richtigen,
durch Kultur perpetuiert; in authentischen Kunstwerken hallt
das Echo davon wider.« (ÄT 374).

63 S. ÄT 134.

sten Ranges den Gegendruck der Materialien gegen den
— trotz allem — Einheitsdruck des Geistes zuläßt, selbst wo
es vorweist, daß der Geist in einem tour de force über die
Materialien hinweggeht, selbst wo so Zerrüttung in die Einheit des Werkes eingelassen wird, bleibt auch diese Zerrüttung veranstaltet und insofern Produkt des Herrschaftsver-
haltens — um so mehr Sündenfall, je mehr es verborgen wird.
So auch das Verhältnis von Teil und Ganzem in den Werken.
Versöhnung ist zwischen ihnen im Kunstwerk, denn es geht
auf eine Einheit aus, in der das Viele gerettet ist[64], es ist
Eines und Vieles ineinander[65], die Einheit nur ein Moment
an ihm, nicht Zauberformel für das Ganze[66]. Lüge ist diese
Versöhnung, da sie nur um den Preis einer Präparation der
Teile möglich ist, die dann deren Integration als gewaltlose
erscheinen läßt[67], die aber Gewalt bleibt wiederum auch da,
wo die Werke »die Unmöglichkeit der Identität des Einen
und des Vielen als Moment ihrer Einheit in sich hinein«
nehmen (ÄT 278), denn auch diese Hineinnahme ist Prak-
tik, ja, »paradox [...] sind die Kunstwerke auch insofern,
als nicht einmal ihre Dialektik buchstäblich ist, nicht wie die
Geschichte, ihr geheimes Modell, sich zuträgt« (ÄT 276),
sondern hervorgebracht ist. Ging Kunst früher darauf aus,
das Häßliche als das nicht hic et nunc Geformte, nicht Durch-
gebildete zu integrieren[68], so kapituliert in der Moderne das
Formgesetz als ohnmächtig[69] und bleibt doch Formgesetz
noch in der Selbstnegation. Wie schon die ausdrucksgelade-
nen archaischen Mischgebilde und Monstren Produkte einer
das Chaos besänftigenden Geistigkeit und damit unterwegs
zur Schönheit sind[70] — der Gang der »Klassischen Walpurgis-
nacht« des »Faust II« —, verwandelt sich der formale Charak-

64 S. ÄT 284 f.
65 S. ÄT 279.
66 ÄT 263.
67 ÄT 161.
68 ÄT 74.
69 ÄT 75.
70 ÄT 83.

ter der Schönheit »zum Ausdruck, in dem das Bedrohliche
der Naturbeherrschung sich vermählt mit der Sehnsucht nach
dem Bezwungenen, die an jener Herrschaft entflammt« (ÄT
84). »Das ist die Trauer von Kunst. Versöhnung vollbringt
sie unwirklich, um den Preis der wirklichen. Das Letzte, was
sie vermag, ist die Klage um das Opfer, das sie darbringt
und das sie selbst in ihrer Ohnmacht ist. [. . .] Haben die
Kunstwerke ihre Idee am ewigen Leben, dann einzig durch
Vernichtung des Lebendigen in ihrem Bezirk« (ÄT 84). So
entsteht das Paradox: Indem Kunst »wie nichts Menschliches
sonst ausdrückt, sie könne Lüge nicht sein, muß sie lügen«
(ÄT 200). »In ihrer Wahrheit selbst, der Versöhnung, welche
die empirische Realität verweigert, ist sie Komplize der Ideologie, täuscht vor, Versöhnung wäre schon« (ÄT 203).
Auch in Adornos Ästhetik erscheint das Andere als künftige
Natur. »Die Natur, deren imago Kunst nachhängt, ist noch
gar nicht; wahr an der Kunst ein Nichtseiendes. Es geht ihr
auf an jenem Anderen, für das die identitätssetzende Vernunft, die es zu Material reduzierte, das Wort Natur hat.
Dies Andere ist nicht Einheit und Begriff sondern ein Vieles«
(ÄT 198). Von diesem Zielpunkt künftiger Natur her erklärt sich das Interesse von Adornos Ästhetik am Natur-
schönen als der »Allegorie dieses Jenseitigen trotz seiner Vermittlung durch die gesellschaftliche Immanenz« (ÄT 108).
Geschichtlich vermittelt ist das Naturschöne, weil es erst der
Sehnsucht nach Nichtidentität und Freiheit erscheint, die auf
die geschichtliche Erfahrung antwortet[71]. Umgekehrt ist

71 Ein verwandter Gedanke findet sich in *Lukács'* »Theorie des
Romans«, S. 62: »Die Fremdheit der Natur, der ersten Natur
gegenüber, das moderne sentimentalische Naturgefühl ist nur
die Projektion des Erlebnisses, daß die selbstgeschaffene Um-
welt für den Menschen kein Vaterhaus mehr ist, sondern ein
Kerker.« Mit dem Terminus »sentimentalisches Naturgefühl«
deutet *Lukács* auf den Herkunftsort dieser Argumentation:
Schillers Abhandlung »Über naive und sentimentalische Dichtung«.

Kunst »Nachbild des Schweigens, aus welchem allein Natur
redet« (ÄT 115). »Kunst ist nicht [. . .] Natur, aber will
einlösen, was Natur verspricht« (ÄT 103). »Was Natur ver-
gebens möchte, vollbringen die Kunstwerke: sie schlagen die
Augen auf« (ÄT 104). Dabei spielt Mimesis eine entschei-
dene Rolle — ein Schlüsselbegriff traditioneller Ästhetik, der
begriffliches Verhalten. Mimesis ahmt nicht etwas nach, son-
bei Adorno neu bestimmt wird. Im mimetischen Moment
der Kunstwerke überlebt ein archaisches, kollektives, vor-
dern macht sich gleich[72], konträr der Gegenüberstellung, die
dem Herrschaftsverhalten des Identitätsdenkens zugrundeliegt. In der Mimesis »stellt das Subjekt, auf wechselnden
Stufen seiner Autonomie, sich zu seinem Anderen, davon
getrennt und doch nicht durchaus getrennt« (ÄT 86). Die
Isolierung dieses mimetischen Elements wäre Rückfall in ma-
gische Praktiken, damit in die anfängliche Natur. Erst die
Verschlingung von Mimesis mit Rationalität macht die Werke
zur Verheißung einer *kommenden* Natur und »vollstreckt
[...] das geschichtliche Urteil über Mimesis als ein archaisches Verhalten: daß diese, unmittelbar praktiziert, keine
Erkenntnis ist; daß, was sich gleichmacht, nicht gleich wird;
daß der Eingriff durch Mimesis mißlang« (ÄT 169). In der
Teilhabe der Werke sowohl an Mimesis wie Rationalität
erst schlägt die Natur die Augen auf, gewinnen sie eine
»Naivetät zweiter Potenz« (ÄT 10): vermittelte Unmittelbarkeit[73]. Die Rationalität der Werke ist ihr Technisches,
Formales, Funktionales, das Geplante und Gemachte an ihnen,
das ihnen im Verhältnis zur Natur einen höheren Grad von
Bestimmtheit, Artikulation, Evidenz verleiht; »Natur hat ihre
Schönheit daran, daß sie mehr zu sagen scheint, als sie ist.
Dies Mehr seiner Kontingenz zu entreißen, seines Scheins
mächtig zu werden, als Schein ihn selbst zu bestimmen, a¹s
unwirklich auch zu negieren, ist die Idee von Kunst« (ÄT
122). Im Kunstwerk nimmt deshalb Mimesis einen anderen
Charakter an, besser: kehrt ihre andere Seite nach vorn; geht

72 S. ÄT 169.
73 S. ÄT 217.

in Richtung der Gleichheit des Gebildes mit sich selbst[74], der Ähnlichkeit mit sich[75], nicht mit einer Natur, die dem Selbst vorausginge, wohl aber mit einem Selbst, das auf die Einheit als ein Vieles und damit kommende Natur weist. Ausdruck, »mit dem Natur am tiefsten in die Kunst einsickert« (ÄT 173), ist Ergebnis der Mimesis der Werke, mit der sie auf sich selbst zielen, ist vermittelt durch Vergeistigung; Konstruktion wird zum Ausdruck, ungemilderte Expressivität wird autonome Konstruktion[76]: Ausdruck bestimmt sich demnach als Interferenzphänomen von Funktion und Mimesis[77]. Die Form der Werke ist das Umschlagsmoment der objektiven Organisation ins stimmig Beredte, gesetzte Einheit in ihrer Selbstsuspension[78], »darum tatsächlich eine Entfaltung der Wahrheit« (ÄT 216). Desgleichen schlagen Begriff und Bild, Sprechendes und Rätselhaftes, Stummheit und Beredtes der Natursprache, die in der Vorstellung der Hieroglyphe zusammenkommen, im Werk ineinander um. Kunst ist, in Variation der berühmten Kantischen Formel über das Verhältnis von Anschauung und Begriff, »Anschauung eines Unanschaulichen, begriffsähnlich ohne Begriff« (ÄT 148). Einerseits tritt damit das Erkenntnismoment von Mimesis nach vorn, andererseits erblindet Erkenntnis im Werk. »Fortlebende Mimesis, die nichtbegriffliche Affinität des subjektiv Hervorgebrachten zu seinem Anderen, nicht Gesetzten, bestimmt Kunst als eine Gestalt der Erkenntnis, und insofern ihrerseits als ›rational‹. Denn worauf das mimetische Verhalten anspricht, ist das Telos der Erkenntnis, das sie durch ihre eigenen Kategorien zugleich blockiert. Kunst komplettiert Erkenntnis um das von ihr Ausgeschlossene und beeinträchtigt dadurch wiederum den Erkenntnischarakter, ihre Eindeutigkeit« (ÄT 86 f.). Kunst, Natur zum Sprechen bringend, droht zurückgeschlungen zu werden in deren Sprachlosigkeit.

74 S. ÄT 142.
75 S. ÄT 159.
76 S. ÄT 70, 72, 173 f.

77 S. ÄT 174.
78 S. ÄT 216.

Zielt Kunst auf eine kommende Natur, so stößt sie sich ab von der anderen Natur der Gesellschaft, die doch ebenso im Werk zur Sprache kommt. Im Kunstwerk setzt sich die negative Dialektik von Individuum und Gesellschaft fort. Der Vorrang des Objektiven zeigt sich auch in der Kunst. Nicht nur sind Materialien wie Sprache, Tonsystem usw. gesellschaftlich, nicht nur verweisen die gegenständlichen Momente der Kunst auf Gesellschaft; darüber hinaus ist ihre immanente Dialektik von Natur und Naturbeherrschung desselben Wesens wie die auswendige der Geschichte[79]. »Die ästhetische Produktivkraft ist die gleiche wie die der nützlichen Arbeit und hat in sich dieselbe Teleologie; und was ästhetisches Produktionsverhältnis heißen darf, alles worin die Produktivkraft sich eingebettet findet und woran sie sich betätigt, sind Sedimente oder Abdrücke der gesellschaftlichen« (ÄT 15 f.). Begründet der Sturm und Drang eine Schöpfungsästhetik, nach der Kunst nicht Natur abbildet, sondern Ausdruck der gleichen schöpferischen Kräfte ist, die in der Natur wirken, so überträgt Adorno dieses Modell auf die Produktivkräfte in der Gesellschaft. Spezifiziert wird diese Vorstellung allerdings in der »Ästhetischen Theorie« nur in Andeutungen, etwa darin, daß Bewußtsein und Differenziertheit als Produktivkräfte erscheinen[80], Bewußtseinsstand und Stand der Differenziertheit demnach als Stand von Produktivkräften, oder daß die Schwelle zwischen Handwerk und Technik an der Kunst als »das Überwiegen freier Verfügung über die Mittel durch Bewußtsein« bestimmt wird (ÄT 316) — ein Kriterium, von dem fraglich ist, ob es nicht schon von der Archaik erfüllt wird. Aber das dahingestellt[81], jedenfalls

79 S. ÄT 15.
80 S. ÄT 59, 287.
81 _Marianne Kesting_ konstatiert in ihrer Rezension von Sergej Tretjakov, Die Arbeit des Schriftstellers, hg. v. _Heiner Boehnke_, Hamburg 1972, eine vergleichbare »Verwischung« der Begriffe »Technik« und »Produktion« bei Tretjakov, Brecht und Benjamin. (M. K., Was bringt Kunst um? Die sowjetischen zwanziger Jahre — Sergej Tretjakovs Schriften zum ersten Male in deutscher Sprache, in: Frankfurter Allgemeine Zeitung 16. IX. 1972).

konstituiert »Gesellschaft, die Determinante der Erfahrung, [. . .] die Werke als deren wahres Subjekt« (ÄT 133). Ist Gesellschaft die Determinante der Erfahrung, bleibt aber diese trotzdem Erfahrung des individuellen Subjekts. Kunst ist darin die geschichtsphilosophische Wahrheit des an sich unwahren Solipsismus[82], daß in ihr nur individuelle Erfahrung laut werden kann. »[. . .] Kunst, die zum Bewußtsein ihrer selbst getriebene Mimesis, ist doch an die Regung, die Unmittelbarkeit von Erfahrung gebunden; sonst würde sie ununterscheidbar von der Wissenschaft, bestenfalls Abschlagszahlung auf diese, meist nur Sozialreportage« (ÄT 384 f.). »Weil Individuation, samt dem Leiden, das sie involviert, gesellschaftliches Gesetz ist, wird einzig individuell Gesellschaft erfahrbar. Die Substruktion eines unmittelbaren Kollektivsubjekts wäre erschlichen und verurteilte das Kunstwerk zur Unwahrheit, weil sie ihm die einzige Möglichkeit von Erfahrung entzöge, die heute offen ist« (ÄT 385). Hinter das Subjekt geht also kein Weg zurück, soll aber auch kein Weg zurückgehen, denn was für das Subjekt schlechthin gilt, gilt auch für das Kunst produzierende Subjekt: Sofern sich in ihm das Besondere leidend an der verzweifelten Objektivität der denaturierten Natur der Gesellschaft erfährt, ist es Anwalt des Besonderen in ihr, die dieses unterdrückt. Sein Leiden ist nicht bloß subjektiv — es ist objektiv, Leiden der durch Herrschaft entstellten Welt, Kunst ihr Ausdruck, »[. . .] an dem Form ihre Substanz hat« (ÄT 387). Gerade als kollektive Regung bindet »Mimesis [. . .] Kunst an die einzelmenschliche Erfahrung« (ÄT 52), wie umgekehrt wieder die kritische Reflexion des Subjekts in doppelter Negation des Identitäts- und Herrschaftsprinzips in ihm selber und in der Gesellschaft erst die wahre Objektivität im Werk erzielt: Objektivität als objektivierte Subjektivität, nicht, wie die von Adorno scharf bekämpfte marxistische Widerspiegelungstheorie es will, als Reproduktion eines gegebenen Objek-

82 ÄT 70.

tiven, das für Adorno immer ein schlechtes ist. Da die gegebene Gesellschaft aus Subjekten besteht, ein Sachverhalt, der durch schlechte Objektivität verdeckt ist, ist »der subjektive Anteil am Kunstwerk [...] selbst ein Stück Objektivität« (ÄT 68)[83], aber nicht nur deshalb: auch weil erst in der Objektivierung durch das Subjekt negativ dialektisch das Kollektiv als ein Vieles von Besonderen, das im Anderen erscheinen soll, zur Sprache kommt. So ist Ausdruck, als individueller und subjektiv vermitteltes Objektives, das im Subjekt sprechende Kollektiv. Gesellschaft als Subjekt der Werke ist »das Gesamtsubjekt [...], das noch nicht geglückt ist« (ÄT 343). Auch für das Kollektiv gilt, wenn es immer wieder als Träger und Subjekt der Werke angesprochen wird, daß der Ursprung allein dem Ziel zufällt — es ist erscheinendes. »Das Erscheinende, wodurch das Kunstwerk das bloße Subjekt hoch überragt, ist der Durchbruch seines kollektiven Wesens. Die Erinnerungsspur der Mimesis, die jedes Kunstwerk sucht, ist stets auch Antezipation eines Zustands jenseits der Spaltung zwischen dem einzelnen und den anderen« (ÄT 198). Das berührt alle Aussagen über die gesellschaftliche Bedingtheit der Kunst. Sie ist als Negation des Gegebenen immer zugleich Antwort auf diese Bedingtheit. »Noch das sublimste Kunstwerk bezieht bestimmte Stellung zur empirischen Realität, indem es aus deren Bann heraustritt, nicht ein für allemal, sondern stets wieder konkret, bewußtlos polemisch gegen dessen Stand zur geschichtlichen Stunde« (ÄT 15). Der Künstler ist »Agent der Gesellschaft, gleichgültig gegen deren eigenes Bewußtsein. Er verkörpert die gesellschaftlichen Produktivkräfte, ohne dabei notwendig an die von den Produktionsverhältnissen diktierten Zensuren gebunden zu sein, die er durch die Konsequenz des Metiers immer auch kritisiert« (ÄT 71). Umgekehrt: »Indem der Künstler in seiner Produktion zur eigenen Unmittelbarkeit stets auch negativ sich verhält, gehorcht er bewußtlos einem gesellschaftlich Allgemeinen« (ÄT 343), das erst zur Erscheinung kommen muß. Noch in seiner Wendung

83 Vgl. ÄT 69.

an ein Publikum liegt ein antizipatorischer Zug des Kunstwerks. »Während Kunst dazu versucht ist, eine nichtexistente
Gesamtgesellschaft, deren nichtexistentes Subjekt zu antezi-
pieren, und darin nicht bloß Ideologie, haftet ihr zugleich der
Makel von dessen Nichtexistenz an« (ÄT 251).
In der Abstoßung der Werke von der Gesellschaft, die doch
in ihnen zum Ausdruck kommt, formuliert sich das Problem
der Autonomie der Werke. Indem das Kunstwerk nur Über-
einstimmung mit sich will, protestiert es gegen den Realitäts-
zusammenhang als Herrschaftszusammenhang des Tauschverhältnisses, und doch wird es gerade dadurch zur absoluten
Ware, daß es den Schein, für die Gesellschaft dazusein, ab-
geworfen hat, »den sonst Waren krampfhaft aufrecht erhalten« (ÄT 351). »Daß Kunstwerke, wie einmal Krüge und
Statuetten, auf dem Markt feilgeboten werden, ist nicht ihr
Mißbrauch sondern die einfache Konsequenz aus ihrer Teilhabe an den Produktionsverhältnissen« (ÄT 351). »Kunst
negiert die der Empirie kategorial aufgeprägten Bestimmungen und birgt doch empirisch Seiendes in der eigenen Substanz« (ÄT 15). »All ihre Elemente ketten sie an das, was
zu überfliegen ihr Glück ausmacht und worein sie in jedem
Augenblick abermals zu versinken drohen. Im Verhältnis
zur empirischen Realität erinnern sie an das Theologumenon,
daß im Stand der Erlösung alles sei, wie es ist und gleichwohl alles ganz anders« (ÄT 16). Kunst wird zum Gesellschaftlichen weder nur durch den Modus ihrer Hervorbrin-
gung, noch durch die gesellschaftliche Herkunft ihres Stoff-
gehalts. »Vielmehr wird sie zum Gesellschaftlichen durch ihre
Gegenposition zur Gesellschaft, und jene Position bezieht sie
erst als autonome. Indem sie sich als Eigenes in sich kristallisiert, anstatt bestehenden gesellschaftlichen Normen zu will-
fahren und als ›gesellschaftlich nützlich‹ sich zu qualifizieren,
kritisiert sie die Gesellschaft, durch ihr bloßes Dasein« (ÄT
335). Aus diesen Bestimmungen spricht Adornos Zurückhaltung gegenüber einer soziologischen Rezeptionsästhetik —
ihm ist »das Verhältnis der Kunst zur Gesellschaft nicht vor-
wiegend in der Sphäre der Rezeption aufzusuchen. Es ist

dieser vorgängig: in der Produktion« (ÄT 338); ebenso ist hier seine Skepsis gegen sogenannte engagierte Kunst begründet. »Wodurch der Wahrheitsgehalt der Werke kraft ihrer ästhetischen Komplexion über diese hinausweist, hat er allemal seinen gesellschaftlichen Stellenwert« (ÄT 368). Das Werk spricht als Produkt von Objektivation, nicht von Entscheidung. Alles an den Werken, das hinter diese Objektivation in direkte Mitteilung, in eindeutiges diskursives gesellschaftliches Urteil zurückfällt, wird im schlechten Sinne subjektiv, negiert die Kunst und damit sich selbst. Eben was sich nicht auf Parolen vereidigen läßt, redet radikal und kritisiert radikal. Adornos Reserve gegen engagierte Kunst als in falscher Weise subjektiv entspricht seine Zurückhaltung gegen kollektive Wirkungen der Kunst — etwa die Katharsis — als in schlechter Weise objektiv[84]; wie Goethe bestimmt er Katharsis werk-, nicht wirkungsästhetisch: die Werke »sind, im Prozeß zwischen Formgesetz und Stoffgehalt, ihre eigene Katharis« (ÄT 354). Adornos Wirkungsmodell ist ganz auf das Subjekt abgestellt, das nun aber nicht in seiner subjektiven Regung angesprochen wird, welche das Kunstwerk als tabula rasa subjektiver Projektionen nimmt[85], sondern in seiner Fähigkeit zur Mimesis an das Werk, zur Teilnahme an der vom Werk vorgemachten Objektivierung[86]. »Die Erfahrung von Kunst als die ihrer Wahrheit oder Unwahrheit ist mehr als subjektives Erlebnis: sie ist Durchbruch von Objektivität im subjektiven Bewußtsein« (ÄT 363). »Erschütterung, dem üblichen Erlebnisbegriff schroff entgegengesetzt, ist keine partikulare Befriedigung des Ichs, der Lust nicht ähnlich. Eher ist sie ein Memento der Liquidation des Ichs, das als erschüttertes der eigenen Beschränktheit und Endlichkeit inne

---

84 S. ÄT 353 ff. Hier ist einer der Hauptangriffspunkte der radikalen Linken gegen Adorno. Vgl. *Helmut Lethen*, Zur materialistischen Kunsttheorie Benjamins, in: Alternative, 10. Jg., 1967, S. 225—234.
85 S. ÄT 33.
86 S. ÄT 33.

wird« (ÄT 364). Wiederum kann nicht direkt, sondern nur in der bestimmten Negation des Ichs und falscher Kollektivität die Wahrheit als Kollektives erscheinen.

An diesem Erscheinungsbegriff von Wahrheit relativiert sich zuletzt das Verhältnis der Werke zur Gesellschaft in einer vom Marxismus her schwer zu denkenden Weise. Es ist festzuhalten, daß der Sündenfall, die Lüge der Kunst nicht darin besteht, daß sie nicht gesellschaftliche Praxis ist — sie ist vielmehr »Kritik von Praxis als Unfreiheit«[87] —, sondern daß nicht die Wahrheit in ihr erscheint. So liegt auch die Stoßrichtung bei Adornos Thematisierung des Verhältnisses von Theorie und Praxis nicht in der theoretischen Begründung von Praxis, sondern bei der Abwehr der Ansprüche von Praxis an Theorie. In Praxis lebt die Blindheit und Dumpfheit des Reflexes zur Abwehr von Lebensnot fort[88], die naturhafte Brutalität des direkten Herrschaftszugriffs auf die Natur. Theorie nimmt Abstand, das Herrschaftsprinzip ist in ihr gemildert und der Kritik unterworfen, wenn auch nicht gebrochen. »[...] das unmittelbare Tun, das allemal ans Zuschlagen mahnt, ist unvergleichlich viel näher an Unterdrückung als der Gedanke, der Atem schöpft[89].« »Das nicht Borniertge wird von Theorie vertreten. Trotz all ihrer Unfreiheit ist sie im Unfreien Statthalter der Freiheit[90].« So zeigt in einer Geschichtsphilosophie, der Gegenwart Enthüllung des katastrophischen Kerns aller Geschichte ist, die Falschheit von Praxis jetzt — weil sie »zwangshaft als Praxis am Bann verstärkend mitwirkt, dumpf, borniert, geistfern«[91] — eine letzte Falschheit aller Praxis an. Auch von richtiger Praxis, der »Anstrengung, aus der Barbarei sich herauszuarbeiten«[92],

---

87 *Theodor W. Adorno*, Marginalien zu Theorie und Praxis, in: *Th. W. A.*, Stichworte. Kritische Modelle 2. edition suhrkamp 347, Frankfurt 1969, S. 169—191, dort S. 172.
88 Marginalien 172.
89 Marginalien 186.
90 Marginalien 173.
91 Marginalien 173.
92 Marginalien 179.

dem Angehen gegen »das identitätssetzende Herrschaftsprinzip«[93], gilt, wie von der Wahrheit, daß sie sich »enthüllen« muß[94]; nur schlecht können zeitliche Relativierungen der Aussage verdecken, daß damit richtige Praxis das voraussetzt, was sie herstellen soll, weil »aus dem Bann, den Praxis um die Menschen legt, allein durch Praxis hinauszugelangen ist«[95]. Ausdrücklich wird einer «nicht repressiven Praxis« ein »Archimedischer Punkt« zugewiesen, der, »wenn überhaupt, anders als theoretisch nicht aufzufinden« ist[96]. Sie könnte da geschehen, wo das Denken ihr Raum machte, und zwar gerade nicht durch Intention auf Praxis, sondern durch Reinheit der Theorie. »Diejenige Theorie dürfte noch die meiste Hoffnung auf Verwirklichung haben, welche nicht als Anweisung auf ihre Verwirklichung gedacht ist«[97]. Adornos eigene Beispiele für solche praktische emanzipative Wirkung von Theorie — etwa seiner Polemik gegen die musikalische Jugendbewegung und ihren Anhang oder seiner Kritik am neudeutschen Jargon der Eigentlichkeit[98] — zeigen allerdings, und das liegt in der Konsequenz des Ansatzes, ›praktische‹ Wirkungen wiederum nur im Bereich der Theorie, die, in Wendung des Gedankens, nicht nur von Praxis geschieden, sondern auch selbst Praxis ist, ja, »zu praktisch«[99] für die aktionistischen Praktiker, die sich — infolge einer freilich auch in Adornos Sinne höchst regressiven Wirkung seiner Theorie in der eigentlichen gesellschaftlichen und politischen Praxis — an seine Fersen geheftet haben. Gemäß seiner Auffassung des Verhältnisses von Theorie und Praxis ist auch Adornos Konzept der Erziehung zum mündigen Menschen nicht auf Handlung, sondern auf Verweigerung gerichtet[100];

93 Marginalien 176.
94 Marginalien 175.
95 Marginalien 173.
96 Marginalien 186.
97 Marginalien 190.
98 Marginalien 191.
99 Marginalien 174.
100 Vgl. *Th. W. Adorno*, Erziehung zur Mündigkeit, Suhrkamp Taschenbuch 11, Frankfurt 1971, S. 145, wo er ausführt, »daß

eine Ethik, wäre sie von ihm expliziert worden, wäre wohl gleichfalls nur als eine der Verweigerung denkbar: eine Gesinnungs-, keine Handlungsethik. Letztlich wäre jedenfalls auch eine sich enthüllende richtige Praxis kein Wert in sich, sondern Mittel zum Zwecklosen — daß am Ende der Praxis Wahrheit komme. »Das Ziel richtiger Praxis wäre ihre eigene Abschaffung«[101]. »Was an Einsicht einer durch Praxis befreiten Menschheit zufiele, wäre von Praxis, die ideologisch sich selbst erhöht und die Subjekte so oder so sich zu tummeln veranlaßt, verschieden« (ND 240). »Glück wäre über der Praxis« (ÄT 26), stünde unter dem »Horizont seliger Betrachtung«, auf den die aristotelische Tugendlehre vorgriff: »selig, weil sie dem Ausüben und Erleiden von Gewalt entronnen wäre[102].« Nicht an der Gesellschaft wird die Kunst oder das Denken gemessen, sondern Kunst, Philosophie und Gesellschaft werden an der erscheinenden Wahrheit, die mit dem Glück identisch ist, gemessen[103].

[...] die einzige wirkliche Konkretisierung der Mündigkeit darin besteht, daß die paar Menschen, die dazu gesonnen sind, mit aller Energie darauf hinwirken, daß die Erziehung eine Erziehung zum Widerspruch und zum Widerstand ist.«

101 Marginalien 178.
102 Marginalien 178.
103 Ähnliches stellt *Theunissen* für *Max Horkheimer* fest: »An die Stelle der kritischen Theorie [...] tritt, entsprechend der Rehabilitierung einer objektivistischen Naturontologie, θεωρία. Ohnehin versinkt Horkheimer ja in reine Kontemplation, soweit er nur einen unaufhaltsamen Verfall erinnert. [...] Die Beschränkung auf eine Rückschau beschränkt auch das Denken, ›das Aristoteles als theoretische Kontemplation beschreibt‹, auf ein verlorenes Paradies. Hingegen erscheint dieses Denken in der Ausweitung des Vorhabens auf das Projekt einer Naturversöhnung wie die Verheißung jener — freilich auf die Erde heruntergeholten — Zukunft, in der sich nach alter theologischer Tradition die vita contemplativa vollenden sollte. Was den Bann der Resignation noch zu brechen vermag, ist allein die schwache Hoffnung, daß ›die Erde zu einem Ort der Kontemplation und der Freude werden könnte‹.« (*Theunissen*, Gesellschaft und Geschichte, S. 19 f.)

Als negative Dialektik denkt Adornos »Ästhetische Theorie«
die Erscheinung der Schrift der Wahrheit im Untergang der
Werke ebenso prozessual wie das Verhältnis von Teil und
Ganzem, Form und Material, Werk und Realität, Mimesis
und Konstruktion, Subjekt und Objekt, Werk und Publikum.
Die Werke sind stillgestellte Prozesse, die in der Rezeption
wieder in Bewegung geraten. »Die Entfaltung der Werke ist
das Nachleben ihrer immanenten Dynamik« (ÄT 288), die
natürlich nichts mit Handlung in Drama oder Epik oder Ab-
lauf in der Musik zu tun hat: diese Dynamik liegt dem
voraus in Momenten, die genauso in der Malerei, etwa in
einem Stilleben, vorhanden sind. Die Werke befinden sich in
prozeßhafter Annäherung an die Realität und Abstoßung
von ihr[104]. Die dialektischen Widersprüche innerhalb der
Werke können nur prozessual vermittelt werden. Nur weil
Adorno die Werke als Prozesse faßt, kann er mit solchem
Nachdruck das Moment der Unstimmigkeit, Brüchigkeit, Zerrüttung, die innere Sprengkraft in ihnen herausarbeiten, wie
es bisher noch nicht in der Ästhetik geschehen ist. Umgekehrt
scheitert noch jede prozessuale Vermittlung an den fort-
bestehenden Widersprüchen der Elemente und ger innt in
diesen. Der Einstand entfaltet sich im Prozeß, der Prozeß
kristallisiert sich im Einstand. Sowohl Adornos Qualitäts-
begriff wie sein Begriff der Schönheit, die dem Häßlichen
entsprungen ist[105], sind von hier aus gedacht: als Versöhnung des Unversöhnlichen, aber auch als Unversöhnlichkeit
des Versöhnten, als das, was, indem es stimmt, über die
Stimmigkeit hinausschießt und sie Lügen straft: »Ist jedes
Werk Einstand, so vermag ein jedes abermals in Bewegung
zu geraten. Die einstehenden Momente sind unversöhnl ch
miteinander« (ÄT 288)[106]. So kristallisiert sich im Umschlag
auch der Rezeptionsprozeß der Werke in Interpretation, Kom-

104 S. ÄT 264.
105 S. ÄT 86.
106 Vgl. auch ÄT 262 f.

mentar, Kritik, die das prozessual Vermittelte und nicht Vermittelte der Widersprüche im Werk in eins fassen.

Nirgends aber ist der Prozeßcharakter und der Einstand des Prozesses der Werke so zentral gefaßt wie in ihrem Verhältnis zur Geschichte. »Die in den Kunstwerken latenten und im Augenblick durchbrechenden Prozesse [sind] ihre innere Historizität, die sedimentierte auswendige Geschichte« (ÄT 133). »Geschichte darf der Gehalt der Kunstwerke heißen« (ÄT 132). Adornos Gedanke vom Vorrang des Objektiven erscheint in dieser Aussage in einer neuen Wendung. Daß Geschichte der Gehalt der Kunstwerke ist, hebt sie über das bloß Subjektive, über das vom Subjekt Intendierte und Gemachte hinaus. Kunstwerke aus »bloßer Sehnsucht« wären nur gesetzt. »Was Geschichte ist an den Werken, ist nicht gemacht, und Geschichte erst befreit es von bloßer Setzung oder Herstellung« (ÄT 200). Daß aber andererseits auch kein stichhaltiges Kunstwerk ohne Sehnsucht ist[107], bezeichnet wieder die Rolle des Subjekts: Sehnsucht entspringt aus dem Leiden, das ihm aus der Unterjochung des Besonderen in der Geschichte erwächst, die sich auch in ihm selbst abspielt. Wodurch die Werke die Sehnsucht des Subjekts transzendieren, »das ist die Bedürftigkeit, die als Figur dem geschichtlich Seienden einbeschrieben ist« (ÄT 199) — eine Figur, die doch nur vom Subjekt wahrgenommen werden kann, das in dieser Wahrnehmung seine Subjektivität objektiviert. Diese Figur ist das, was in den Überlegungen zur apparition als Konstellation bezeichnet worden ist: »Die Kunstwerke sagen, was mehr ist als das Seiende, einzig, indem sie zur Konstellation bringen, wie es ist« (ÄT 200 f.). »Der Wahrheitsgehalt ist nicht außer der Geschichte sondern deren Kristallisation in den Werken« (ÄT 200). Das Nichtseiende ist in den Werken »vermittelt durch die Bruchstücke des Seienden, die sie zur apparition versammeln« (ÄT 129). Die Konstellation in den Werken ist die konstellierte Geschichte, Einstand der geschichtlichen Prozesse, die als Klassenkämpfe, Antago-

---

107 S. ÄT 199.

nismus von Produktivkräften und Produktionsverhältnissen, Widerspruch zwischen Denken und Sein insgesamt Erscheinung von Herrschaft, Kontingenz und Kontinuität des Katastrophischen sind. Damit ist aber auch klar, warum und in welcher Weise im Werk die geschichtlichen Prozesse zum Einstand gebracht werden können: weil auch die Geschichte Kontinuität und Diskontinuität in einem ist, sofern in jedem Moment des Kontinuums nicht nur die Katastrophe, auf die das Ganze zutreibt, antizipiert ist, sondern auch die unterdrückte Möglichkeit des Anderen sich präsentiert, das aus dem Kontinuum der Katastrophe hinausweist[107a]. Wie sich negativ dialektisches Denken auf diese Möglichkeit der Geschichte als eine Geschichte des Möglichen durch Negation des Vorhandenen richtet, so macht das Werk die Umkonstellierung der geschichtlichen Konstellation vor — eben als die Explosion der Konstellation, die sich in der apparition der Werke abspielt. Indem die Werke die Bedürftigkeit des geschichtlich Seienden nachzeichnen, sind sie »nicht nur mehr, als was bloß ist, sondern haben soviel an objektiver Wahrheit, wie das Bedürftige seine Ergänzung und Änderung herbeizieht. Nicht für sich, dem Bewußtsein nach, jedoch an sich will, was ist, das Andere, und das Kunstwerk ist die Sprache solchen Willens und sein Gehalt so substantiell wie er. Die Elemente jenes Anderen sind in der Realität versammelt, sie müßten nur, um ein Geringes versetzt, in neue Konstellation treten, um ihre rechte Stelle zu finden. Weniger als daß sie

107a Von hier aus bedarf *Rohrmosers* These über *Adornos* Ästhetik der Relativierung: »In der Geschichte steht die Kunst quer zu jeder Geschichte; die unmittelbare Einheit von allem mit allem in der mythisch-archaischen Tiefe des Ursprungs ist auch das Ziel.« Nicht nur ist auch in diesem Zusammenhang Adornos Ursprungsvorstellung gegen Mißdeutung zu sichern: Ursprung als Ziel bedeutet nicht Rückkehr in den Ursprung, sondern Erscheinung des Ursprungs —; vor allem ist festzustellen, daß die Werke, indem sie »quer« zur Geschichte stehen, doch auch eine Möglichkeit der Geschichte aktualisieren. (s. *G.R.*, Herrschaft und Versöhnung. Ästhetik und die Kulturrevolution des Westens, Freiburg 1972, S. 10).

imitierten, machen die Kunstwerke der Realität diese Versetzung vor. Umzukehren wäre am Ende die Nachahmungslehre; in einem sublimierten Sinn soll die Realität die Kunstwerke nachahmen. Daß aber die Kunstwerke da sind, deutet darauf, daß das Nichtseiende sein könnte. Die Wirklichkeit der Kunstwerke zeugt für die Möglichkeit des Möglichen« (ÄT 199 f.). Die Explosion, Sprengung der Konstellation, führt nicht zur Neukonstellation hin, sie ist die Neukonstellation selbst, als Vorweisen und Negation der Konstellation der Geschichte in einem — hier löst sich der scheinbare Widerspruch, daß einmal die Wahrheit in einer Neukonstellation liegen soll[108], zum anderen darin, daß zur Konstellation gebracht wird, was ist; daß einmal die Wahrheit *in* der Konstellation sein soll, zum anderen *jenseits* ihrer[109]: sie ist in ihr und jenseits ihrer, weil sie in der verbrennenden Konstellation ist; in der Sprengung des Bestehenden geht die Möglichkeit des Anderen auf. Wenn Adorno mit Vorliebe vom Monadischen der Werke spricht, dann meint er einmal die Seite ihrer Autonomie; vor allem aber meint er damit das hier charakterisierte Verhältnis zur Geschichte, das dem Charakter der Geschichte entspricht. Die aufbrennende, explodierende Konstellation, in der die katastrophische Kontinuität der Geschichte durchbrochen, negiert und damit auf ihre andere Möglichkeit durchsichtig gemacht wird, ist der »monadologische Kern« (ÄT 132), durch den das Werk zur Geschichte vermittelt ist, ein Totum von Zeit, in dem alle zeitlichen Möglichkeiten und Tatsächlichkeiten eingeschlossen sind, ohne zeitliche Ausdehnung. »Erscheinung aber und deren Explosion am Kunstwerk sind wesentlich geschichtlich« (ÄT 132). »Die spezifisch künstlerische Leistung ist es, ihre übergreifende Verbindlichkeit nicht durch Thematik oder Wirkungszusammenhang zu erschleichen, sondern durch Versen-

108 S. ÄT 199.
109 S. ÄT 137; fast durchgehend ist übrigens vom Erscheinen der Wahrheit *in* den Werken bei Adorno die Rede.

kung in ihre tragenden Erfahrungen, monadologisch, vorzustellen, was jenseits der Monade ist« (ÄT 133).

Zuletzt wird aber auch noch im Ineinander von Erscheinung und Explosion faßbar, daß der Einstand im Kunstwerk nicht etwa an einem bestimmten Punkt der Prozesse lokalisiert ist, sondern daß Einstand und Prozeß, Kristallisation und Explosion im Werk in eins fallen. Die Explosion ist eine zum Moment geschrumpfte, absolute Bewegung. »Sind Kunstwerke als Bilder die Dauer des Vergänglichen, so konzentrieren sie sich im Erscheinen als einem Momentanen. Kunst erfahren heißt soviel wie ihres immanenten Prozesses gleichwie im Augenblick seines Stillstands innezuwerden« (ÄT 131). Wieder, wie in der Zitation Mignons für das Kunstwerk als Hülle, wird in der historisch falschen Berufung Adornos auf eine Vorstellung der Klassik — den zentralen Begriff der Lessingschen Abhandlung über Laokoon, den des fruchtbaren Moments[110] — das Eigentümliche und Einzigartige seiner Konzeption deutlich. Der fruchtbare Moment meint bei Lessing den prägnanten Moment eines Ablaufs, der das Vorhergehende und das Folgende in sich enthält. Er ist also tatsächlich ein Moment eines Prozesses. Bei Adorno hingegen geht es um den Prozeß als den Moment und den Moment als Prozeß. Apparition ist nicht Durchbrechung des Prozesses im Augenblick, sondern im Augenblick durchbrechender Prozeß. Nochmals: »Weit eher sind die in den Kunstwerken latenten und im Augenblick durchbrechenden Prozesse, ihre innere Historizität, die sedimentierte auswendige Geschichte« (ÄT 133). Adornos Vorzugsmetapher, die Bezeichnung der Werke als Schrift, hat auch von hier her Sinn: Sie sind »Schrift nicht zuletzt deswegen, weil, wie in den Zeichen der Sprache, ihr Prozessuales in ihrer Objektivation sich verschlüsselt« (ÄT 264). Vollzieht sich aber in der apparition als Explosion und Kristallisation in einem der Untergang der Werke als Erscheinung der Wahrheit, so bestätigt sich die Vermutung, »sie

110 S. ÄT 131.

könnte[n] ihren Gehalt in ihrer eigenen Vergänglichkeit haben« (ÄT 13), es vollziehe sich in diesem Blitz nichts anderes, als was auch im äußeren Zeitablauf der Geschichte der Werke stattfindet, umgekehrt: die Werke vollziehen in der Zeit, was ihr »Zeitkern« ist (ÄT 264). »Die Kunstwerke wandeln sich keineswegs allein mit dem, was verdinglichtes Bewußtsein für die nach geschichtlicher Lage sich ändernde Einstellung der Menschen zu den Kunstwerken hält. Solche Änderung ist äußerlich gegenüber der, welche sich in den Werken an sich zuträgt: die Ablösung einer ihrer Schichten nach der anderen, unabsehbar im Augenblick ihres Erscheinens; die Determination solcher Veränderung durch ihr hervortretendes und damit sich abspaltendes Formgesetz; die Verhärtung der transparent gewordenen Werke, ihr Veralten, ihr Verstummen. Am Ende ist ihre Entfaltung eins mit ihrem Zerfall« (ÄT 266). »Die Kunstwerke, sterbliche menschliche Gebilde, vergehen offensichtlich um so rascher, je verbissener sie dem sich entgegenstemmen« (ÄT 264 f.): weil ja Kunst ihre Dauer gar nicht wollen darf, weil sie den Willen haben muß, in der Wahrheit unterzugehen. »Denkbar, heute vielleicht gefordert sind Werke, die durch ihren Zeitkern sich selbst verbrennen, ihr eigenes Leben dem Augenblick der Erscheinung von Wahrheit drangeben und spurlos untergehen, ohne daß sie das im geringsten minderte« (ÄT 265)[111].

Die innere Geschichtlichkeit der Werke, ihre Sterblichkeit begründet den Schein besserer Verständlichkeit älterer Werke, deren Zugänglichkeit vielmehr ihr Ende anzeigt[112], das Ver-

---

111 In der Bereitschaft großer Werke zum Untergang in der Zeit liegt ihre Offenheit zur Mode: »Mode ist eine der Figuren, durch welche die geschichtliche Bewegung das Sensorium affiziert und durch es hindurch die Kunstwerke, und zwar in minimalen, meist sich selbst verborgenen Zügen.« (ÄT 265 f.) »Große Künstler seit Baudelaire waren mit der Mode im Komplott« (ÄT 286). Zu vergleichen ist *Walter Benjamins* Reflexion auf die Mode, etwa in der XIV. der »Geschichtsphilosophischen Thesen«.

112 S. ÄT 273.

löschen ihrer inneren Spannungen; die innere Geschichtlichkeit der Werke, ihre Sterblichkeit, begründet zugleich die Nähe der zeitgenössischen Kunst zum Zeitgenossen. »Kunstwerke lassen desto wahrhaftiger sich erfahren, je mehr ihre geschichtliche Substanz die des Erfahrenden ist« (ÄT 272). In der Tat ist die Ästhetik Adornos einzigartig in der Radikalität, mit der sie Kunst auch der Vergangenheit von der Kunst der Gegenwart her begreift — so radikal, daß im Grunde alle Epochenunterschiede, ja, jede lineare Chronologie überhaupt in der großen Gegenüberstellung Moderne — ältere Kunst untergeht. Die Vormoderne schrumpft perspektivisch zusammen, von außen kritisiert: Die Beispiel- und Materialbasis der »Ästhetischen Theorie« ist für die Universalität der Fragestellung erstaunlich schmal, in der Literatur etwa zentriert auf den Zeitraum von Baudelaire bis zu Bekkett. Dabei entspricht das Verhältnis von Moderne und älterer Kunst dem von Gegenwart und bisheriger Geschichte in Adornos Geschichtsverständnis. Ist der Kapitalismus bei Adorno Enthüllung des verhüllten Wesens der Geschichte, so ist die Moderne dadurch bestimmt, daß die immanenten dialektischen Spannungen der älteren Kunst in ihr nach außen treten. Sie ist damit finsterer, fragwürdiger, mehr zerrüttet als ältere Kunst, aber wahrer. »Was heute, als Krise der Kunst, als ihre neue Qualität hervortritt, ist so alt wie ihr Begriff« (ÄT 87). »Stimmt heute nichts mehr, so darum, weil das Stimmen von einst falsch war« (ÄT 236). Alle Unterschiede älterer und moderner Kunst laufen darin zusammen, daß die Negation des Bestehenden, in der Wahrheit erscheint, bis ins äußerste Extrem herausgetrieben, daß jeder Schein von Versöhnung in den Elementen des Werks um der wahren willen verweigert wird. »Das Neue als Kryptogramm ist das Bild des Untergangs; nur durch dessen absolute Negativität spricht Kunst das Unaussprechliche aus, die Utopie. Zu jenem Bild versammeln sich all die Stigmata des Abstoßenden und Abscheulichen in der neuen Kunst. Durch unversöhnliche Absage an den Schein von Versöhnung hält sie diese fest inmitten des Unversöhnten« (ÄT 56). Heiterkeit und Glück,

die aus älteren Werken direkt sprechen können, werden kassiert von der Katastrophe der Gegenwart, ohne damit ihr Wahrheitsmoment zu verlieren. Verschattet von Katastrophenerfahrungen der Gegenwart bleibt es Anweisung auf die versöhnte Realität, die diese Wahrheit restituieren, das Moment der Lüge an ihr tilgen würde. »Die versöhnte Realität und die wiederhergestellte Wahrheit am Vergangenen dürften miteinander konvergieren« (ÄT 68). Die moderne Kunst »verzweifelt an dem Machtanspruch, den sie als versöhnte vollstreckt« (ÄT 81). Sie kehrt das Apokalyptische aller Kunst nach außen[113]. Das Beunruhigende, im Grunde Antigeschichtliche solcher Gegenüberstellung von älterer Kunst und Moderne bei Adorno läßt sich in die scheinbar naive Frage zusammenfassen: Wo ist der Graben, jenseits dessen Versöhnung von den Werken verweigert werden muß, sollen sie authentisch sein? Bis wann waren Heiterkeit und Glück möglich? Nicht nur treten in Adornos Ästhetik an die Stelle der ökonomisch-historischen Wendemarken des Marxismus Daten der politischen und Geistesgeschichte, die durch Vereinzelung zufällig wirken — etwa: vor oder nach Auschwitz, vor oder nach der Französischen Revolution[114], vor oder nach Kant, der ansteigende Nominalismus[115], die revolutionäre Kunstbewegung um 1910[116]; die Zeit überhaupt entzieht sich, und zwar gerade indem scheinbar alles im Zeitbezug ausgesagt wird, aber in einem völlig unbestimmten, vagen. Relative adverbiale Zeitbestimmungen wie schon, noch, nicht mehr, damals beherrschen die Darstellung; präteritale Zeitformen des Verbs verkünden, statt Geschichte, das Anathema: nicht mehr! »Angesichts dessen, wozu die Realität sich auswuchs, ist das affirmative Wesen der Kunst, ihr unausweichlich, zum Unerträglichen geworden« (ÄT 10).
Als »einzige Anamnesis dessen, was jenseits des χωρισμός

113 S. ÄT 131.
114 S. ÄT 376.
115 S. ÄT 334.
116 ÄT 9.

seinen Ort hätte« (ÄT 124), ist Kunst bei Adorno über die Philosophie hinaus. Hier liegt ein entscheidender Unterschied zum Idealismus. »Adorno selbst beschreibt die Ästhetik des Idealismus als den Übergriff der Philosophie auf ihr Anderes, die Kunst, dergestalt, daß sie als Wahrheitsgehalt der Kunst ihre eigene ›Idee‹ wiederfindet und insofern jede ›Unauflöslichkeit‹ und Unverständlichkeit tilgen zu können glaubt (ÄT 194). Die Geschlossenheit seines Systems indessen, das sich als die Wahrheit alles Nichtphilosophischen setzt, hat Adorno zufolge der Idealismus aus der Verfassung von Kunst bezogen. In dieser ihr selbst verborgenen Pseudomorphose an Kunst kappt Philosophie den notwendigen Bezug auf das, was anders wäre als sie, und verkehrt den Sinn, den Kunst hat[117].« Hegel kann das Schöne als sinnliches Scheinen der Idee fassen, weil sein System das Wesen der Kunst erst der Wirklichkeit unterschiebt. »Nicht alles Seiende ist Geist, Kunst jedoch ein Seiendes, das durch seine Konfigurationen ein Geistiges wird. Vermochte der Idealismus gleichsam umstandslos die Kunst für sich zu beschlagnahmen, so darum, weil sie allein ihrer Beschaffenheit nach der Konzeption des Idealismus entspricht« (ÄT 141). In Adornos Konzeption hingegen hat die Philosophie an der Kunst gerade die Chance, des Anderen ansichtig zu werden, dessen die Philosophie nicht mächtig ist — weshalb eben Philosophie bei Adorno Ästhetik werden muß. Um Kunde zu erlangen vom Anderen, dessen Besitzer sie sich nicht mehr wähnt, wählt die Philosophie den Weg auslegender Versenkung in überlieferte Schriften. »Die Interpretation beschlagnahmt nicht, was sie findet, als geltende Wahrheit und weiß doch, daß keine Wahrheit wäre ohne das Licht, dessen Spur in den Texten sie folgt[118].« Sie ist zu dieser Versenkung fähig, weil auch dem Denken ein mimetisches Moment innewohnt, wie der Kunst ein ratio-

117 *Kittler*, Kunst und Metaphysik. Anlehnungen an Kittler finden sich im ganzen Abschnitt.
118 *Theodor W. Adorno*, Noten zur Literatur II. Bibliothek Suhrkamp 71, Frankfurt 1970, S. 7.

nales[119]. In dem, worin Kunst bei Adorno über die Philosophie
hinaus ist — in der Unbegrifflichkeit ihrer Sprache, die eine
Sprache wechselseitiger Vermitteltheit von Sein und Bewußtsein ist, in der Praktizierung der Selbstnegation, in der das
Andere *erscheint* — ist sie aber auch auf Philosophie angewiesen. Hier ist der Grund, warum Adorno den unerhörten
Anspruch stellt, ästhetische Erfahrung terminiere in Philosophie oder sei keine[120]. Wenn Philosophie das Verhältnis
zum Anderen vom Einen her sucht, ist Kunst ihr Spiegelbild:
Sie ist das Erscheinen des Anderen am Einen. Zwar rücken
»auch [die Kunstwerke] die Versöhnung in die Identität
mit dem Subjekt« (ÄT 120), aber sie gehen »trotz ihrer
Autarkie und durch diese hindurch auf ihr Anderes, außerhalb ihres Bannes« (ÄT 197). In der apparition bezeugt sich
die Wahrheit, die gleiche, auf die Philosophie gerichtet ist.
»Philosophie und Kunst konvergieren in deren Wahrheitsgehalt« (ÄT 197)[121]. Dieser Wahrheitsgehalt bleibt aber, gerade sofern er in der apparition der Kunst erscheint, in der
Kunst unbegriffen. Sie kann das Verhältnis des Anderen zum
Einen, das sie ist, nicht für sich haben, d. h. es weder intendieren noch bewerkstelligen noch seiner ansichtig werden. Sie
kann die Schrift, die sie ist, nicht selbst lesen, ja, diese Schrift
droht in ihr überhaupt unlesbar zu bleiben. Sie ist Rätsel.
Die Rätselhaftigkeit der Kunst verweist einmal auf die
»Unbestimmtheitszone zwischen dem Unerreichbaren und dem
Realisierten«: »Was objektiv in ihnen gewollt ist, erreichen
sie nicht« (ÄT 194). Sie verweist ferner auf die innere Wider-
sprüchlichkeit des Werkes in der Verschränkung von Mimesis
und Rationalität. Das Rätsel verweist aber auch auf die
Stummheit der hinter Kunst zurückliegenden Natur, die ihren
Bann über die sich gegen Natur kehrende Geschichte und so

119 S. ND 53; vgl. auch ÄT 344.
120 S. ÄT 197.
121 »[...] die fortschreitend sich entfaltende Wahrheit des Kunst-
     werks ist keine andere als die des philosophischen Begriffs«
     (ÄT 197) kann nicht heißen: die im philosophischen Begriff an-
     wesende, sondern muß heißen: die von ihm gemeinte.

auch übers Kunstwerk legt. Die Imago der Kunst ist der sublimierte Bann der Realität[122]. Das Rätsel verweist schließlich darauf, daß Wahrheit ein Besonderes und ein Vieles ist, nicht in der falschen Allgemeinheit des Begriffs liegt, der sie vielmehr verstellt. Der nicht gesetzte Wahrheitsgehalt der Werke »darf ihr Name heißen« (ÄT 200), das, wovon Adorno im Hinblick auf die Tiere sagt, die als Ausdruck gleichsam den eigenen Namen vorstellen, er sei »das schlechterdings nicht Vertauschbare«[123]. Gerade indem Adorno von Tieren spricht, in der »Ästhetik« vom Nashorn, das in seinem wortlosen Dasein nichts sagt als: Ich bin ein Nashorn (ÄT 171 f.), wird deutlich, daß das schlechterdings nicht Vertauschbare nicht das Identitätsprinzip meint, einen Personennamen, sondern im Einen das Viele, die Gattung, eine »Selbstheit, die nicht erst durchs identifizierende Denken aus der Interdependenz des Seienden herausgeschnitten ward« (ÄT 171). Damit, daß die Wahrheit der Werke ihr Name ist, also etwas jenseits des Begreifens, ist nun aber auch gesagt, daß die Philosophie, deren die Werke bedürfen, die Werke überschreiten muß, so wie ja auch die Werke im Erscheinen der Wahrheit untergehen. In Adornos Ästhetik gehören immanente Hermeneutik und Interpretation zum falschen Symbolbegriff der Kunst, welcher Wahrheit dem Sein der Werke als Idee immanent sein läßt. Aber »weil der Geist der Gebilde nicht in ihnen aufgeht, zerbricht er die objektive Gestalt, durch die er sich konstituiert« (ÄT 137). Bei Adorno sind die Werke für ihre Methexis am Absoluten »geschlagen mit einer Blindheit, die ihre Sprache, eine von Wahrheit, sogleich verdunkelt: sie haben es und haben es nicht. In ihrer Bewegung auf Wahrheit hin bedürfen die Kunstwerke eben des Begriffs, den sie um der Wahrheit willen von sich fernhalten« (ÄT 201). »Enigmatisch sind die Kunstwerke als Physiognomik eines objektiven Geistes, der niemals im Augenblick seines Er-

122 ÄT 196.
123 Minima moralia, S. 440 (Nr. 146).

scheinens sich durchsichtig ist« (ÄT 194)[123a]. Die Formulierung »*eines* objektiven Geistes« deutet auf das Vorherr-
schen des Besonderen in der Wahrheit des Werkes, soweit es
in seiner solipsistischen Bindung an individuelle Erfahrung
seinen ersten Grund hat. Philosophie läßt diesen Solipsismus
mit der Einsicht in die universale gesellschaftliche Vermittlung
unter sich[124]. Sie arbeitet den Zusammenhang von Geist und
Gesellschaft im Werk heraus durch Versenkung in sein Besonderes. Sie faßt das künstlerisch Wahre in seiner übergreifenden Legitimation[125], auch im Moment seiner Unwahrheit, durch die es teilhat am Unwahren außer ihm[126]. Dieses
Moment der Unwahrheit in Bezug auf das Problem des Besonderen und des Allgemeinen, wie es sich im Verhältnis der
begrifflichen Sprache der Philosophie zur unbegrifflichen der
Kunst stellt, besteht nun aber darin, daß Kunst in der Paradoxie, Schein der Wahrheit und Wahrheit des Scheins zu sein,
auch am Besonderen abgleitet, noch indem sie es vorweist,
weil sie selbst in ihrer Verschmelzung von Rationalität und
Mimesis der Herrschaft des Allgemeinen nicht entrinnen kann,
obwohl ihre Frage doch lautet, »wie unter der Herrschaft des
Allgemeinen ein Besonderes irgend möglich sei« (ÄT 521).
Macht die stumme Phänomenalität der Werke sie der Philosophie bedürftig, so macht, daß sie hinter dieser Phänomenalität immer auch zurückbleiben, sie der Philosophie zugänglich.
»Der Individuation, ihrem eigenen Gesetz, ist die Grenze
durchs Allgemeine gesetzt« (ÄT 521). Philosophie wird diesem Zugang gerecht, indem sie, negative Dialektik in ihre
äußerste Konsequenz treibend, angesichts eines Gegenstandes,
der mit höchster Emphase sein Besonderes vorweist, in Begriffen, »deren Telos das Besondere ist« (ÄT 521), die also
gleichsam gegen sich selbst angehen, den Rätselcharakter der
Kunstwerke nicht auflöst, sondern ausspricht. Philosophie

123a Vgl. auch ÄT 193.
124 ÄT 384.
125 S. ÄT 519.
126 ÄT 513.

darf Kunst nicht der Allgemeinheit überantworten, der diese
nicht entrinnen kann und durch die sie sich der Philosophie
öffnet. »Das Rätsel lösen ist soviel wie den Grund seiner
Unlösbarkeit angeben: der Blick, mit dem die Kunstwerke
den Betrachter anschauen« (ÄT 185).

Doch schon dieses Aussprechen der Wahrheit als Rätsel
läßt die Werke hinter der Philosophie zurück — in einem
doppelten Sinne: nicht nur des Erreichens, sondern auch des
Verfehlens der Wahrheit der Werke, weil das begriffliche Denken wohl gegen sich angehen, aber sich nicht aufheben kann.
Frei nach Schiller: *spricht* die Wahrheit, so spricht, ach, schon
die *Wahrheit* nicht mehr. »Erklären involviert, gewollt oder
ungewollt, auch ein Zurückführen des Neuen und Unbekann-
ten auf Bekanntes, wenngleich das Beste an den Werken
dagegen sich sträubt. Ohne solche Reduktion, die an den
Kunstwerken frevelt, könnten sie nicht fortleben. Ihr We-
sentliches, das Unerfaßte, ist auf identifizierende Akte, auf
Erfassen angewiesen; es wird dadurch zu einem Bekannten
und Alten verfälscht« (ÄT 521). Daß ohne Frevel an ihnen
die Werke nicht leben können, daß sie auf verfälschendes
Erfassen angewiesen sind, zeigt, daß Philosophie die Kunst,
den einzigen Statthalter dessen, »was jenseits des χωρισμός
seinen Ort hätte«, in den χωρισμός hineintreiben muß, damit, was an ihr diesseits und was jenseits seiner ist, sich
voneinander scheidet. Und noch damit ist die Spannung des
Verhältnisses von Kunst und Philosophie nicht zu Ende gedacht, denn »während Kunst das absolut Monadologische
träumt, ist sie, zu ihrem Glück und Unglück, mit dem Allgemeinen durchsetzt. Sie muß über den Punkt des absoluten
τόδε τι hinaus, zu dem sie sich zusammenziehen muß« (ÄT
522). Daß Kunst nicht nur zu ihrem Unglück, sondern auch
zu ihrem Glück mit dem Allgemeinen durchsetzt ist, an dem
Philosophie eingreift, weist zuletzt auf einen Aspekt des Allgemeinen, der, solange es als herrschendes gedacht ist, zurück-
tritt, der aber von negativer Dialektik immer mitgedacht
werden muß: Im Auseinandertreten von Allgemeinem und
Besonderem unter der Herrschaft des Allgemeinen wird zwar

das Besondere in besonderem Maße Träger des Anspruchs des Anderen, aber es verfehlt ihn auch, soweit es einzelnes Besonderes bleibt, nicht Chor des Vielen ist, der im Anderen als Gesamtsubjekt sich konstituieren würde. Im Werk steckt das kollektiv Fortgeschrittene, dem Bann Entronnene, im ästhetischen Fürsichsein — so kann und muß man Adornos Satz umkehren: »Im ästhetischen Fürsichsein steckt das von kollektiv Fortgeschrittenem, dem Bann Entronnene« (ÄT 69). Das Allgemeine, in das Kunst zu ihrem Unglück vom Besonderen abgleitet, ist zu ihrem Glück auch Vorweisung auf den Chor des Vielen. Noch das Besondere ist unter der Herrschaft des Allgemeinen in eine Abspaltung hineingedacht, die seine Umkehrung notwendig macht. Philosophie, am Unglück der Kunst einsetzend, auch unterm Bann des Allgemeinen zu stehen, spricht auch vom Glück der Kunst, nicht isoliertes Besonderes sein zu können. Doch sie tut es scheiternd, gebannt in das Begriffliche des Begriffs wie die Kunst in die Stummheit der Phänomenalität. So zeigt und weiß Philosophie an der Kunst ihren Mangel, indem sie an der Kunst deren Mangel zeigt und weiß: daß es richtiges Bewußtsein nur in der dialektischen Bewegung falschen Bewußtseins gibt; daß Wahrheit, wäre sie, nicht Bewußtsein, sondern das Sein wäre. Nur auf diese Weise vermag Philosophie am Kunstwerk »als eine[m] Produkt von sterblichem Bewußtsein[127]« dessen andere Seite zu erblicken: den Wahrheitsgehalt, der nicht gemacht ist.

Ästhetik als Reflexion der Philosophie auf die Kunst hat »keinen höheren Inhalt als dieses ihrer beider Verhältnis. Darum ist ihr Inhalt schließlich nichts als die Form, die philosophische Reflexion nach dem Durchgang durch die Idee des Anderen annehmen muß. Denn Dialektik bleibt nicht, was sie war, nachdem sie — vorab an der Kunst — der anderen

127 *Theodor W. Adorno*, Ohne Leitbild, edition suhrkamp 201. Frankfurt 1968, S. 18.

Seite des Verhältnisses von Einem und Anderem innegeworden ist. Sie muß auf Vermittlung als einlösbare Verzicht tun: Weder kann Philosophie beanspruchen, der Wahrheit mächt'g und damit zur Vermittlung zwischen sich und der Kunst imstande zu sein, noch kann sie der Kunst in deren Fürsichsein dies Vermögen zudenken. So kommt Dialektik zum Denken in Aporien und Exklusionen, das seinem Inhalt, dem χωρισμός zwischen Philosophie und Kunst, entspricht: ›Unverhüllt ist das Wahre der diskursiven Erkenntnis, aber dafür hat sie es nicht; die Erkenntnis, welche Kunst ist, hat es, aber als ein ihr Inkommensurables‹ (ÄT 191). ›Die letzte Auskunft diskursiven Denkens bleibt das Tabu über der Antwort [ob Sinn selbst sei]. Als mimetisches sich Sträuben gegen das Tabu sucht Kunst die Antwort zu erteilen, und erteilt sie, als urteilslose, doch nicht‹ (ÄT 193). ›Ihr Gegenstand [der Ästhetik] bestimmt sich als unbestimmbar, negativ. Deshalb bedarf Kunst der Philosophie, die sie interpretiert, um zu sagen, was sie nicht sagen kann, während es doch nur von Kunst gesagt werden kann, indem sie es nicht sagt‹ (ÄT 113) Diese Aporien und Exklusionen sind, bis ins Syntaktische hinein, streng symmetrisch. Ist das gnostische Mythologem — die andere Seite der Dialektik — durch Aszensus und Deszensus hierarchisch verfaßt, so bricht in der Dialektik der Ästhetik ein Schisma auf, das nicht hierarchisch aufgehoben werden kann. Aufhebung aber wird deshalb so strikt ausgeschlossen, weil sie nichts Geringeres als den Untergang der Philosophie meinen würde: ›Der Wahrheitsgehalt eines Werkes bedarf der Philosophie. In ihm erst konvergiert diese mit der Kunst oder erlischt in ihr‹ (ÄT 507). In diesem Satz [...] ist das Mißverständnis ausgeschlossen, Philosophie münde erlöschend in die Kunst, wie sie für sich ist. In einer Hinsicht freilich stellt sich so eine Überordnung wiederum her: Unterm Blick der Ästhetik vollziehen die Kunstwerke, stellvertretend vielleicht für Philosophie, was sie selbst, solange sie ist, nicht vollziehen kann: den Untergang ihres Scheinhaften in das scheinlose Andere. Dies ist der letzte Sinn, in dem der Vorrang des Objekts sich durchsetzt.

Daß aber die Dialetik in ein Denken von Exklusionen übergeht, hat am Horizont von Adornos Denken seinen Grund vermutlich im Aufkommen einer Frage, die dialektisch nicht mehr gestellt werden kann: der Frage nach dem Daß (und nicht nach dem Was) des Anderen. Dialektik setzt als Medium, in dem sie anhebt und das sie aufhebt, das Universum von Bedeutungen, Kategorien voraus, die alle Washeiten sind. Von Kunst gilt: ›Aus den Kunstwerken wortlos leuchtet heraus, daß es sei, vor der Folie, daß es, uneinlösbares grammatisches Subjet, nicht ist; auf nichts in der Welt Vorhandenes läßt es demonstrativ sich beziehen‹ (ÄT 161). Man kann den Gedanken fortspinnen: Daß es sei, läßt sich nicht einmal demonstrativ auf die Kunstwerke selbst beziehen, sofern sie in der Welt vorhanden sind. Darum gilt in einer bezeichnenden Modifikation des Rätselbegriffs, der gemeinhin auf ein Was und nicht auf ein Daß und ein Ob geht: ›Die äußerste Gestalt, in welcher der Rätselcharakter [der Kunst] gedacht werden kann, ist, ob Sinn selbst sei oder nicht [. . .] [Der] Anspruch [der Kunstwerke auf die Objektivität von Sinn in sich] ist nicht nur uneinlösbar, sondern Erfahrung widerspricht ihm‹ (ÄT 193). Zwischen der Bezeugung der Kunst, daß es sei, und der Erfahrung, daß es nicht sei, klafft ein χωρισμός, den nichts vermittelt. Denn was ihn vermitteln könnte, ist ja eben das, was in der Frage nach dem Daß des Absoluten oder Anderen selbst in Frage steht[128].«

Es liegt auf der Hand, daß Adornos Ästhetik Kunst weder in einem systematischen noch in einem historischen Kontinuum denken kann. Das Gegenbild der Ästhetik Adornos wäre die Hegels mit ihrer historisch-systematischen Entfaltung des Gegenstandes, die darin gründet, daß das Besondere im Allgemeinen aufgehoben, das Allgemeine in einer prozeß-

---

128 *Kittler*, Kunst und Metaphysik.

haften Selbstrealisation in der Zeit gedacht wird. Dabei ist
Kunst ein historisch-systematisch sich darstellender Sinn-
zusammenhang, der wiederum seinen historisch-systematischen Ort in der Geschichte des Geistes hat. Die Einzelwerke
sind aufgehoben in diesen Zusammenhängen, die sich umgekehrt durch die Einzelwerke vollziehen. Jedes Besondere
an ihnen ist ein Allgemeines, das sich in den Besonderungen
entfaltet. Bei Adorno, der die Einheit der Geschichte negativ
faßt — als Kontinuum von Herrschaft, bei dem jede Ver-
größerung des Potentials an Freiheit mit einem tieferen Schritt
in die reale Unfreiheit bezahlt wird —, ist auch die Geschichte
der Kunst höchst problematisch, ja, schon die *Vorstellung*
einer Geschichte der Kunst als der fortschreitenden Realisa-
tion eines in seinem Ursprung angelegten Gesamtphänomens.
Zwar: »ohne geschichtliches Eingedenken wäre kein Schönes«
(ÄT 102); aber: Geschichte der Kunst besteht nicht im Ausbilden von Möglichkeiten, die dem Ursprung immanent wären, auf das Ziel der vollen Darstellung dieser Möglichkeiten
hin, sondern in einem Kontinuum der Negationen dessen, was
sie war, sofern sie immer auch Lüge war, mit Geschichte
geschlagen, offen zur Zukunft immer neuer konkreter Negationen, die die Möglichkeit des definitiven Untergangs der
Kunst einschließen. »Die Definition dessen, was Kunst sei,
ist allemal von dem vorgezeichnet, was sie einmal war, legi-
timiert sich aber nur an dem, wozu sie geworden ist, offen
zu dem, was sie werden will und vielleicht werden kann«
(ÄT 11 f.). »[. . .] fraglos [. . .] sind die Kunstwerke nur, indem sie ihren Ursprung negierten, zu Kunstwerken geworden.
Nicht ist ihnen die Schmach ihrer alten Abhängigkeit von
faulem Zauber, Herrendienst und Divertissement als Erb-
sünde vorzuhalten, nachdem sie einmal rückwirkend vern'ch-
tet haben, woraus sie hervorgingen« (ÄT 12). Dabei bleibt
im Kontinuum der Negationen das Negierte gegenwärt'g,
wird in einer unaufhörlichen Dialektik in immer neue Subli-
mationsformen hineingetrieben: in der Negation des magi-
schen Bannes bleibt der Kunst ein Moment des Banns; in der
Negation der vorneuzeitlichen gesellschaftlichen Gebunden-

heit, in der Prätention der Autonomie wird sie als absolute
Ware um so mehr verfügbar; in der Negation des Glücks, der
Versöhnung, die ältere Werke verhießen, lebt doch, mit um
so größerem Schein von Wahrheit, das Moment des Glücks-
versprechens verzweifelt fort. Fortschritt in der Kunst besteht
wesentlich in der immer schärferen Herausarbeitung ihrer
immanenten Spannungen und Widersprüche, die dem An-
wachsen der Spannungen und Widersprüche in der Gesellschaft korrespondiert, in der fortschreitend radikaleren Negation des Scheins in den anderen Werken und in sich. So sind
die authentischen Werke Kritiken der vergangenen und ihrer
selbst[129]. Diskontinuierlich in der Kontinuität ist Kunst aber
auch im Verhältnis zur Geschichte außer ihr, in dem sie sich
ebenso bestimmt wie im Verhältnis zu dem, was sie war.
Wie jeder geschichtliche Moment bei Adorno diskontinuierlich auf das Ende verweist, sei es der Katastrophe, sei es der
Erlösung, so ist Kunst immer, jedes einzelne Werk, Antwort
nicht nur auf das Kontinuitätsmoment der Geschichte, sondern auch auf diese Diskontinuität. Die in ihm präsente
Spontaneität ist Anlauf zur Befreiung der hic et nunc latenten Möglichkeit von Freiheit, zur Freisetzung also des besonderen Impulses, der gerade in die Kontinuität der Geschichte
nicht eingeht, von ihr vielmehr verschüttet wird. »[...] spon-
tanes Reagieren als Norm umschreibt eine perennierende
Paradoxie von Kunst« (ÄT 57). In Spontaneität »spezifiziert
sich der Geist der Zeit, seine bloße Reproduktion wird überschritten« (ÄT 287). In jedem Werk ist so das Ganze der
Geschichte, aber es geht nicht auf in ein Ganzes der Geschichte.
Diese Sprödigkeit der Werke gegen ein Kontinuitätskonzept
der Geschichte und der Kunstgeschichte ist aber nichts anderes als eine spezielle Erscheinungsweise ihrer Sprödigkeit
gegen das Identitätsprinzip, ihrer Richtung auf Rettung des
Besonderen mit der ihr innewohnenden Dialektik. Als Er-

---

129 S. ÄT 533.

scheinung der Wahrheit des Besonderen in einem Besonderen
ist die Wahrheit jedes Kunstwerks unwiederholbar, seine
Wahrheit; so sehr darin Widerstand gegen die Objektivität
des schlechten Allgemeinen liegt, so sehr liegt darin auch ein
Zurückbleiben hinter der wahren Objektivität, dem Anderen
und Absoluten, ein Scheinmoment der im Werk erscheinenden Wahrheit, ja, ein Moment falscher, identifizierender
Besonderung und damit stehengebliebenes schlechtes Allgemeines, demgegenüber die realisierte Wahrheit die *ganze*
Wahrheit des Besonderen, *das* Wahre wäre. Hier liegt ein
Moment des Scheins im Monadischen der Werke — das doch
nicht übersprungen werden kann und darf, solange Geschichte
ist[130] —, ein Aspekt ihrer Prätention, vom bloß Seienden
abgehoben zu sein, in das sie auch tief verschlungen bleiben.
Hat Kritik die Aufgabe, die Werke auf ihre übergreifende
Legitimation und diese Bedingungen hin zu bedenken und
sie damit zu kritisieren, so geht ihr Weg dabei aber nicht von
der apriorischen Konstruktion und der Abstraktheit über-
geordneter Konstanten aus, sondern von der Erfahrung des
ästhetischen Gegenstandes, aus dem sie Schicht um Schicht
sein falsches Individuelles und sein wahres Besonderes, seinen
Widerspruch gegen die verhängte Objektivität der natur-
förmigen Gesellschaft, aber auch sein Zurückbleiben hinter
dem Anderen herausarbeitet: als Philosophie angewiesen auf
die Allgemeinheit der Begriffe, über die sie nicht hinauskann,
die aber auch im Gegenstand ihre Entsprechung haben, in
der Durchsetzung der Werke mit dem schlechten Allgemeinen
der in der Herrschaft naturhaft verhärteten Gesellschaft und
mit dem wahren Allgemeinen der Kollektivität jenseits des
Identitätsbannes. Nicht einfühlende Versenkung ins isolierte
Werk, von Adorno als Feinsinn verhöhnt, ist deshalb die
Alternative zu der von Adorno verweigerten systematischen
Entfaltung der Allgemeinkategorien von Kunst in ihren fortschreitenden Spezifikationen — Musik, Bildende Kunst, Dich-

130 S. ÄT 385.

tung; Epik, Lyrik, Dramatik; Epos, Roman, Novelle usw. —
vielmehr das Denken von Kunst als einem »in sich bewegte[n]
Syndrom« (ÄT 523) aus Invarianten, die in ihrer Varianz
gedacht sind[131]: apparition, Schein, Ausdruck, Konstruktion,
Subjekt, Objekt usw. Diese Invarianten sind nicht jenseits
der Spezifikationen und jenseits der Werke vorgestellt, sondern durch diese hindurch über sie hinaus getrieben, so daß
in der bohrenden unablässigen Denkbewegung die Spezifikationen unablässig mitgemeint sind. Am Einzelwerk bestimmter Kunstart und Gattung werden allgemeinste Züge
entziffert, in den allgemeinsten Aussagen, die sich dadurch
legitimieren, sind Einzelwerke getroffen. Implikation, nicht
Explikation, Diskontinuität im Kontinuum des Denkens sind
die Kennzeichen solcher Ästhetik.

Letzten Endes aber ist das Darstellungsprinzip der »Ästhetischen Theorie« begründet im allgemeinen Ansatz der negativen Dialektik, wie sie sich in der Ästhetik reflektiert. Solche
negative Dialektik verläuft nicht auf ein Ziel hin, in das sie
die durchdachten Gegenstände einbringt. Da das Nichtidentische, auf das sich das Denken richtet, der Widerspruch ist,
sind ins Unendliche weitergehende Negationen notwendig;
die Aussagen werden willkürlich nicht in der Art der belie-
bigen Umkehrbarkeit — eine solche liegt nicht vor, da doch
jede Wende des Gedankens in eine neue Schicht des Gegenstandes führt; wohl aber im Abbrechen der Denkbewegung,
das an irgendeinem Punkt einmal erfolgen muß. Die »Ästhetische Theorie« scheint von sachlichen Widersprüchen zu
wimmeln — etwa über das Verhältnis von Individuum und
Gesellschaft oder über das Verhältnis von Konstellation, Werk
und Wahrheit —, die in Wirklichkeit sich auflösen, sobald
es gelingt, die jeweilige Aussage in ihrem Positionswert in
der Denkbewegung zu bestimmen. Nichtsdestoweniger liegt
hier ein Grund für eine fast beliebige Zitierbarkeit Adornos
innerhalb verschiedenster Bezugsrahmen. Gerade weil Adornos negative Dialektik in sich nicht festgemacht werden kann,

131 ÄT 522.

lassen sich einzelne Gedankenzusammenhänge und Argumentationsschichten so leicht an gegebenen festen Bezugspunkten anknüpfen, wobei sie einen hohen Erkenntniswert bewahren, ja, zusätzlich gewinnen können. Gewinnen deshalb, weil bei Adorno selbst die radikale Negation des Vorhandenen auf jeder Stufe der Denkbewegung darin wieder durchschlägt, daß jeweils Radikalaussagen fällig werden, die dann doch in Bezug auf spezielle Gegenstände dazu tendieren, alles- und nichtssagend zu sein, obwohl Adorno vom Konkreten aus zu denken prätendiert. Am Beispiel: Adornos Aussagen über die Aufhebung des Lebens in der Form um den Preis des Todes sind so allgemein richtig wie nichtssagend; sie lassen sich mit einigem Geschick fast beliebig verifizieren. Bezogen auf Conrad Ferdinand Meyers Werk haben sie hingegen höchste Evidenz und Aufschlußkraft. Daß aber bei allem Dringen aufs Besondere Adorno so leicht über dieses hinausgeht, dürfte mitbegründet sein in der Selbstverpflichtung seines Denkens auf eine Legitimation der Werke aus übergreifendem Zusammenhang. So richtig seine Kritik der Hermeneutik ist, die sich in der Immanenz der Werke zu verschanzen neigt, so groß wird beim Überschreiten der Werke die Gefahr der Beliebigkeit oder des Dogmatismus, speziell wenn, wie bei Adorno, die Geschichte zusammenschrumpft in zwei korrespondierende Zustände verhüllter und offengelegter Negativität. Einzelne Züge der Werke können bei diesem Verfahren in schärfstes Licht treten — bei Verzeichnung im ganzen. So wird in »Romeo und Julia« die Sehnsucht nach einer Liebe hervorgehoben, die nicht mehr von Macht verurteilt und verstümmelt wäre — ohne Rücksicht darauf, daß hier umgekehrt auch die Liebe im Vorgriff auf Versöhnung schuldhaft, ja, mörderisch wird[132]; so wird »Werther« verkürzt zum Protest gegen verhärtete Kleinbürgerlichkeit, ohne Rücksicht darauf, daß der Roman auch Kritik am Absolutismus des Herzens

---

132 ÄT 366 f.

ist[133]. Wenn etwa Adorno Mörikes »Mausfallen-Sprüchlein«
auf die Formel bringt: »Urteilsloser Reflex der Sprache auf
einen abscheulichen, sozial eingeübten Ritus, übersteigt es
diesen, indem es ihm sich einordnet« (ÄT 188), dann läßt
er die von ihm selbst erwogene Möglichkeit fallen, das sin-
gende Kind entwerfe »das unwillentlich freundliche Bild eines
gemeinsamen Tanzes von Kind, Katze und Maus« (ÄT 188).
Ob dieses Bild willentlich oder unwillentlich freundlich ist,
kann wohl nicht ausgemacht werden; da aber das ganze Gedicht
Sprüchlein des Kindes ist, übersteigt es ausdrücklich und nicht
nur im urteilslosen Reflex der Sprache den abscheulichen, sozial
eingeübten Ritus. Die Einordnung in ihn ist nur scheinbar,
denn er ist umgedeutet zu einem Miniaturbild eschatologischer
Versöhnung, wo der Löwe mit den Lämmern weidet und sich
dem Menschen ans Knie schmiegt. Indem hier vermeintlich das
Gedicht auf seinen gesellschaftlichen Kontext hin transzen-
diert wird, wird in Wirklichkeit seine immanente Dialektik
nicht konsequent vollzogen.

Adornos wichtigstes Mittel, der Unaufhörlichkeit der negativen Dialektik zum Wort zu verhelfen, besteht darin, den
jeweiligen Gegenstand gleichzeitig von dialektischen Gegen-
positionen her anzuvisieren und von ihnen aus die Dialektik
bis zum gleichen Punkt zu treiben, so daß eine Balance entsteht, deren Ausdruck Exklusion, Paradox oder Metapher
sind[134]. Philosophie ist für Adorno »weder Wissenschaft noch,
wozu der Positivismus mit einem albernen Oxymoron sie
degradieren möchte, Gedankendichtung, sondern eine zu dem
von ihr Verschiedenen ebenso vermittelte wie davon ab-
gehobene Form. Ihr Schwebendes aber ist nichts anderes als

133 S. ÄT 36.
134 Gegenüber Hegel, der gleichfalls den Umschlag aus der Ab-
    straktion ins prägnante Bild liebt, hat dieses Stilmittel bei
    Adorno seinen Sinn geändert. Hegels Bildlichkeit veranschau-
    licht das begrifflich Geklärte, Adornos geht pathetisch oder iro-
    nisch oder sachlich über die Begriffe, ist Ausdruck des Unaus-
    drückbaren.

der Ausdruck des Unausdrückbaren an ihr selber. Darin wahrhaft ist sie der Musik verschwistert. Kaum ist das Schwebende
recht in Worte zu bringen; das mag verursacht haben, daß
die Philosophen, außer etwa Nietzsche, darüber hinweg-
gleiten« (ND 113). »Gegens Risiko des Abgleitens ins Beliebige ist der offene Gedanke ungeschützt; nichts verbrieft
ihm, ob er hinlänglich mit der Sache sich gesättigt hat, um
jenes Risiko zu überstehen. Die Konsequenz seiner Durchführung aber, die Dichte des Gewebes trägt dazu bei, daß er
trifft, was er soll« (ND 43). Doch abgesehen davon, daß ein
Gewebe nach allen Seiten ins Leere verläuft — auch die
Dichte eines Gewebes ist relativ und letzten Endes zum Gegenstand zufällig, der ohnehin bei Adorno immer gegenüber
bleiben muß. Die Sehnsucht, in ihm zu verschwinden, ist
ebenso unstillbar wie die nach Erlösung, denn er wird durch
die jeweils letzte Negation ebenso aspekthaft eröffnet wie
verstellt. Insofern in jedem Gegenstand das Besondere für
das Nichtidentische überhaupt einsteht, führt seine dialektische Einkreisung zwar jeweils in der Intensivierung des
Blickes eine ebenso weitgehende Extension des Horizonts her-
auf, doch kann eine kontinuierliche Argumentation diesem
Denken der Diskontinuität in der Kontinuität nicht zukom-
men. Der Essay als nach allen Seiten offene Form, das Fragment[135], der Aphorismus ist ihm gemäß, die punktuelle, in
ihrer Prägnanz sich verriegelnde und doch zugleich ausstrah-
lende Formulierung, Verdichtungspunkt gegenläufiger Ge-
dankenrichtungen, Übersprung vom Besonderen zum Allgemeinsten. Wo die Hochspannung des Denkens für einen
Augenblick nachläßt, wird es von keinem Zusammenhang
gehalten, mündet in Wiederholung, Formulierungsartistik,
floskelhafte Beschwörung des doch immer mehr Vorausgesetz-
ten als argumentativ präsentierten Negativen.
Solches philosophisches Denken und Sprechen Adornos
sperrt sich dagegen, referiert zu werden, und muß sich dagegen sperren — »Philosophie [ist] wesentlich nicht referier-

135 S. ND 37.

bar« (ND 42). So wird das Denken Adornos hier, indem es referiert wird, nicht an seinem Anspruch gemessen, sondern an einem ihm fremden. Denken muß aber an einem solchen Anspruch der Referierbarkeit meßbar sein, insofern es auf eine begriffliche Sprache angewiesen bleibt. Ein Denken wird ungreifbar, das diese Angewiesenheit einbekennt, sich der Begrifflichkeit bedient, aber sie, statt voll für sie einzustehen, im Gegenzug sofort wieder sabotiert. Es entsteht die Gefahr, einen Jargon der Uneigentlichkeit zu sprechen, in dem die Aussagen ihr Dementi in sich tragen und keine Verantwortung übernehmen. Das vorgreifliche Dementi sanktioniert denn auch Aussagen, die nach Adornos Ansatz eigentlich gar nicht möglich wären — so stimmt es einfach nicht, daß Adorno keine Aussagen über das unterm Bilderverbot stehende Andere machte; er macht zwar vage, aber letztlich doch positive, die in der Paradoxie der Bestimmungen — etwa des Anderen als Gesamtsubjekt und Kollektiv — eben dann doch an idealistische Konzeptionen wie die Schillers vom ästhetischen Zustand erinnern. Im Verhältnis eines Denkens, das der negativen Dialektik Adornos konfrontiert ist, wiederholt sich das Verhältnis der negativen Dialektik zur Kunst: Es muß Adornos Philosophie in Begriffen festmachen, soll sie zum Sprechen gebracht werden; es muß sie aber auch verfehlen, indem es sie so zur Sprache bringt, denn ihre letzte Konsequenz wäre das Verstummen. Immer, wenn sie noch spricht, ist sie noch nicht bei sich selbst. Umgekehrt: ein Denken, das auf Konfrontation mit Adornos negativer Dialektik verzichtete und ihr einfach folgte, müßte seinerseits verstummen im schweigenden Nachvollzug. Sträubt sich Dialektik generell gegen das Referat ihrer Ergebnisse, da ihr der Prozeß das Ergebnis ist, so bietet sie hermeneutischem und analytischem Denken wenigstens dort einen Anhalt, wo sie in den Begriff mündet. Er kann als Element einer Analyse gedacht oder in Elemente zerlegt werden; er kann als Horizont hermeneutischer Auslegung genommen werden. Hierin liegt die Möglichkeit wechselseitiger Infragestellung der Denkverfahren und ihrer Konkurrenz und Koinzidenz in den Gegenständen.

Adornos Dialektik entzieht sich tendenziell nicht nur der
Diskussion, sondern der Kommunikation; sie ist monolo-
gisch, wie die Kontemplation, in deren Zeichen sie sich stellt,
eine Bewegung, die nirgends ankommt — auch nicht bei den
Gegenständen, in denen sie zu terminieren meint. Adorno
hat gesagt, der Vorrang des Inhalts äußere sich als notwendige Insuffizienz der Methode[136]. Daran ist viel Richtiges;
letzten Endes liegt aber das Unmethodische von Adornos
Denken darin, daß es nicht sagen kann, wie ihm seine Gegenstände methodisch gegeben sind, weil sie ihm nicht gegeben
sind. Das begriffliche Denken erfährt in jedem seiner Schritte
nichts anderes, als daß sie ihm im Begriff nicht gegeben sind.
In einer Weise, die an die erkenntniskritische Vorrede von
Walter Benjamins »Ursprung des deutschen Trauerspiels«
erinnert, die zugleich wieder auf die Verwandtschaft des Denkens mit Kunst deutet, konzentriert sich auch Adornos Philosophie in Konstellationen, in die sie »die Begriffe, zentriert
um eine Sache, setzt. Damit dient sie der Intention des
Begriffs, das Gemeinte ganz auszudrücken. Konstellationen
allein repräsentieren, von außen, was der Begriff im Innern
weggeschnitten hat, das Mehr, das er sein will so sehr, wie
er es nicht sein kann« (ND 162). Wie die Konstellationen
in der Kunst verbrennend Wahrheit erscheinen lassen, wie
Kunst in ihren Untergang zielt, erfüllt auch die negative
Dialektik eine letzte Sehnsucht des begrifflichen Denkens,
sich selbst aufzuheben, im eigenen Untergang Wahrheit zu
ermöglichen. Die »unauflösliche Objektivität«[137] ist, wenn
überhaupt, nur der Erfahrung zugänglich, sofern Erfahrung
auf das Andere geht, das im Objektiven steckt. (Hegel hat
demgegenüber Erfahrung gerade dem nicht-philosophischen
Bewußtsein zugewiesen.) Ihren Erfahrungsgehalt kann Philosophie aber nicht aufzehren. Der Erfahrung nachtastend, die

---

136 ND 56.
137 *Theodor W. Adorno*, Drei Studien zu Hegel. edition suhr-
　　kamp 38, Frankfurt 1963, S. 18.

sie mit den Gegenständen macht, erfährt sie als den Gegenstand immer das, was sie nicht erreicht, als Wahrheit das, was
sie nicht aussprechen kann. Was Adorno über Praxis sagt,
soweit sie Kraftquelle von Theorie ist — nämlich Anstoß zum
Denken, die praktische Gegebenheit und Verflochtenheit des
Subjekt ins Objekt, der es nachdenkt[138] —, gilt für das
Verhältnis seiner Philosophie zur Gegenständlichkeit des Objektiven schlechthin: »In der Theorie erscheint sie lediglich,
und allerdings mit Notwendigkeit, als blinder Fleck, als Ob-
session mit dem Kritisierten«[139].

Was sich in Adornos Denken theoretisch als Nichterreichen
der Gegenständlichkeit darstellt, das zeigt sich in der Praxis
dieses Denkens paradoxerweise als Überfliegen der Gegenstände, denn erst im vollen Auftreffen des Denkens auf die
Gegenstandssphäre entfaltet und offenbart diese auch ihre
Widerständigkeit, schafft sich der Gegenstand als dieser und
kein anderer sein Recht. Auf höherer Verallgemeinerungs-
stufe taucht hier das Problem noch einmal auf, das sich beim
Überschreiten der Werke in der Auslegung stellt: die hierin
liegenden Gefahren verdoppeln sich in dem Augenblick, in
dem auch im Überschreiten der Werke keine Sättigung und
Beruhigung am Gegenständlichen erfolgt. Das Denken, das
sich in sich nicht festmachen läßt, kann nirgends dingfest
gemacht werden; es ist in seiner vermeintlichen Demutsgestalt
im Angesicht der Sachen doppelt Herrschaft, die als solche
nun aber doch feststellbar wird. Muß Denken, auch wo es
sich gegen das Referat sträubt, unter das Postulat der Referierbarkeit gestellt werden, so wird es auch, gegen seinen
Anspruch und seine Verwahrung, referierbar zumindest von
seinem Umgang mit den Sachen her, auf die es zielt. Wie es
den Begriff nicht verlassen kann, kann es auch nicht be-
streiten, daß es als Ästhetik etwa Aussagen über Werke
macht, die sich an den Werken prüfen lassen müssen; sie

138 Marginalien 171.
139 Marginalien 191.

können und dürfen nicht in den Prozeß verdampft werden. Adornos Philosophie kann ferner nicht verleugnen, daß der Blick, dem die Geschichte perspektivisch zusammenschrumpft, überhaupt ein perspektivischer ist, bestimmt und bestimmbar durch den Horizont, den es setzt und über den es nicht hinauskann. »Er ist in Adornos Ästhetik: die klassische deutsche Dichtung auf der Objektseite der Philosophie, die Transzendentalphilosophie auf ihrer Subjektseite. Alle vorhergehende Geschichte erscheint bloß okkasionell, nicht in ihrer eigentümlichen Positivität. Diese Blickbegrenzung aber scheint in der Wendung der Dialektik gegen sich selbst zu gründen: Sie kann nicht weiter zurück als bis zur Epoche ihrer eigenen Entstehung. Es entsteht eine Art von geschichtsphilosophischem Schein, den die Fehlleistung des Satzes ›[Hegel] und Kant waren die *letzten,* die, schroff gesagt, große Ästhetik schreiben konnten, ohne etwas von Kunst zu verstehen‹ (ÄT 495) einbekennt: Als ob Kant nicht vielmehr der *erste,* der Gründer von Ästhetik in eben dem Sinn gewesen wäre, der auch Adornos Denken noch zugrundeliegt. Was vordem war, wäre nicht Ästhetik sondern Philosophie des Schönen, seit Platon. Adorno nimmt von ihr systematisch ebensowenig Notiz wie von Epochen der Kunst, die, der bürgerlichen zuvorliegend, vielleicht nicht oder nicht ausschließlich auf die Dialektik Individuum/Gesellschaft beziehbar sind bzw. sich selbst beziehen. Das impliziert für die methodische Maxime von Adornos ›Ästhetik‹, ›als Gehalt aktueller Ästhetik‹ sei allein ›die motivierte und konkrete Auflösung der gängigen ästhetischen Kategorien [...] übrig‹ (ÄT 507), daß beinahe allein die ästhetischen Kategorien der transzendentalen und idealistischen Philosophie übrig bleiben. Im negativen Bezug auf sie definiert sich derart Adornos Fragehorizont. (Ausnahmen scheinen nur die beiden Begriffe Schrift und Konstellation zu machen, die, nicht von ungefähr bei Benjamin bezogen, zur Dialektik und damit vielleicht zur sonstigen Konzeption der ›Ästhetik‹ in Spannung stehen: Schon weil beide nicht aus der philosophischen Grundbeziehung Denken/Sein, sondern aus der ›semiotischen‹ Zeichen/Bezeichnetes herstam-

men dürften.) ›Durchzuführen wäre, was in den Theorien
Kants und Hegels auf Einlösung durch die zweite Reflexion
wartet‹ (ÄT 510). Wie auf der Objektseite die ästhetischen,
werden hier auch philosophische Texte zu ›heiligen‹, wie die
›Negative Dialektik‹ eingesteht« (ND 62)[140]. Indem Adorno
die neomarxistische Ästhetik für sich vollendet durch ihre
entschlossene Rückführung auf den Problemrahmen der idealistischen Ästhetik Kants und Hegels, stimmt sich seine Kritische Theorie vielleicht ohne Not zum Schwanengesang.
Jedenfalls tut sie das ohne Nachweis objektiver Notwendigkeit, denn als Erfahrung gibt Leiden zwar einen letzten
Grund von Adornos Philosophie an, an dem sie denn doch
zum Stehen kommt — das Leiden wird bei Adorno jedenfalls
als einziges Moment des Verhaltens nicht mehr dialektisch ge-
wendet, obwohl es doch gerade hierfür die mächtige, Adorno
von Nietzsche her wohlvertraute Tradition des Enthusiasmus
und des dionysischen Orgiasmus gibt; dieser letzte Grund
aber ist, sofern er dem Denken voraus bleibt, ebensowenig
bezweifelbar wie im Denken begründbar. Er mag an Objektives rühren, aber blindlings, mystisch. Die Negativität des
Bestehenden wird bei Adorno eben deswegen mehr voraus-
gesetzt als argumentativ begründet, weil sie seine Erfahrung
ist. Sie ermöglicht das Glück des Denkens und wird nur
erträglich durch das Glück des Denkens. »Praxis wird auf-
geschoben und kann nicht warten; daran krankt auch Theorie.
Wer jedoch nichts tun kann, ohne daß es, auch wenn es das
Bessere will, zum Schlechten auszuschlagen drohte, wird zum
Denken verhalten; das ist seine Rechtfertigung und die des
Glücks am Geiste. Dessen Horizont muß keineswegs der einer
durchsichtigen Beziehung auf später mögliche Praxis sein«
(ND 240 f.). Diese Totalnegation des Bestehenden mit dem
aus ihr begründeten Verzicht auf Eingreifen ist aber nichts
anderes als Totalaffirmation, das sich politisch gebende Be-
kenntnis eines Unpolitischen, der der Welt, wenn auch in

140 *Kittler*, Kunst und Metaphysik. Sperrung im Adorno-Zitat von
Kittler.

der absoluten Geste der Verweigerung und des Protests, ihren
Lauf lassen zu müssen meint und seine Erfahrung absolut
nimmt. Lukács' böses Wort, ein beträchtlicher Teil der führenden deutschen Intelligenz, darunter auch Adorno, habe das
»Grand Hotel Abgrund« bezogen, ein »schönes, mit allem
Komfort ausgestattetes Hotel am Rande [. . .] des Nichts«[141],
hat hier sein Gran Wahrheit. Das gnostische Mythologem
als das Andere der negativen Dialektik ist ein Glaubens-
inhalt, die negative Dialektik Adornos eine Theologie mit anderen Mitteln[142], aber eine Theologie ohne Handlungs- und
Praxisbegriff. Das wird besonders deutlich in Adornos Vorstellung, der Kunst wohne ein Moment objektiver Praxis
inne[143]; die in ihr stattfindende Dialektik von Natur und
Naturbeherrschung, ästhetischer Produktivkraft und Produktionsverhältnissen entspreche der Dialektik dieser Momente
in der Geschichte[144], sie sei deshalb »nicht nur der Statthalter einer besseren Praxis als der bis heute herrschenden,
sondern ebenso Kritik von Praxis als der Herrschaft brutaler
Selbsterhaltung inmitten des Bestehenden und um seinet-
willen« (ÄT 26). Nicht nur verstellt Adornos undifferenzier-
ter Praxisbegriff den fundamentalen Unterschied von Machen
und Handeln — an diesem Punkt der Kritischen Theorie setzt
Jürgen Habermas ein, indem er die aristotelische Unterscheidung von ποίησις bzw. τέχνη und πρᾶξις aufnimmt[145] —;
er verstellt darüber hinaus die Einsicht, daß im Kunstwerk
überhaupt nicht gehandelt wird, jedenfalls nicht in seiner
Form, sondern nur gemacht (ποίησις), und daß dieses Machen mit dem Produzieren von Produktivkräften in Produktionsverhältnissen allenfalls metaphorisch in Verbindung
gebracht werden kann — mehr gelingt auch Adorno nicht
als solche metaphorische Verbindung. Einer der grund-

141 *Georg Lukács,* Die Theorie des Romans, S. 17.
142 Vgl. *Theunissen,* Gesellschaft und Geschichte, S. 40.
143 ÄT 365.
144 ÄT 15 f.
145 Vgl. *Theunissen,* Gesellschaft und Geschichte, S. 20.

legenden Unterschiede des Machens im Werk und in der
Realität besteht darin, daß bei aller Objektivierung im Werk
das Substrat der Produktion wie der »Produktionsverhältnisse«
das *eine* produzierende Subjekt bleibt. Noch dem objektivierten Werk haftet demgemäß ein Moment der Subjektivität an,
das Adorno zwar mitdenkt, aber nicht energisch genug nach
vorn kehrt. Seine Vorkehrung hätte Konsequenzen vor allem
für Adornos Interpretation des Rezeptionsvorganges. Wohnt
dem Werk Subjektivität inne, bleibt ihm ein Moment des
Gesetzten, des subjektiven Entwurfs, dann kann dem er-
schütterten Subjekt in ihm unterzugehen nur unter der Bedingung erlaubt sein, daß es sich aus diesem Untergang zurücknimmt in einen Akt der Selbstbestimmung, der wiederum
nicht nur Finden von Wahrheit, sondern Selbstsetzung ist.
Daß Adorno einen das empirische Subjekt aufhebenden Erscheinungsbegriff von Wahrheit konzipiert, ist die Negat'v-
form, in der seine Geschichtsphilosophie Theologie bleibt:
angelegt auf ein wo nicht vorhandenes, so erscheinendes Gesamtsubjekt.

Forciert Adorno den Zusammenhang von Werk und Realität, der durch die Dialektik der in ihm präsenten Produktivkräfte und Produktionsverhältnisse gegeben sein soll, so
ist es um so auffälliger, daß er eine andere Verbindung zwischen Realität und Werk kaum und nur widerstrebend ins
Auge faßt: die durch Thematisierung der Realität, wie sie am
einläßlichsten in der Literatur stattfindet. Schon die Betonung
der Sterblichkeit der Werke, die These von ihrem Untergang
in der Wahrheit und an der Wahrheit gehört in den Glaubens-
zusammenhang der Negativität des Vorhandenen, der eben
auch das Werk nur im Untergang entrinnen kann, in der
Selbstauslieferung an ihn. Zum Selbstprozeß der Werke wie
des Denkens umstilisiert, kehrt hier die alte Figur der Tragik
wieder, die Adorno sonst verurteilt als Affirmation des Leidens und des Todes[146]. Auch Adornos Zurückhaltung gegen

146 Stärker noch als Adornos Abneigung gegen die Kategorie der
   Tragik ist seine Rancune gegen Humor, s. ÄT 79.

das Thematische der Werke gehört in diesen Kontext. Die
Negation der Realität ist so durchgreifend, daß das Seiende
nur in der höchsten Sublimierungsstufe der Form im Werk
volle Aufmerksamkeit gewinnt. Nicht zufällig ist Adornos
Orientierung an der Musik, der am wenigsten welthaltigen
Kunst[147], innerhalb der Literatur an Lyrik, die wiederum
die geringste Gegenständlichkeit besitzt, und an Modernen
wie Beckett oder Kafka, die die Welt so weitgehend funktio-
nalisieren und formalisieren[148]. Dabei thematisieren Kunstwerke nicht nur Gesellschaft und Natur und beider Verhältnis zueinander, sie können auch sich selbst und ihre Frag-
würdigkeit thematisieren — sei es in der Reflexion auf ihren
Hervorbringungsprozeß, etwa in der Erzählerreflexion aufs
Erzählen; sei es im Hervorkehren der Kunstproblematik allgemein — als Verherrlichung des Lebens in seiner Tötung
durch die Form, z. B. bei Conrad Ferdinand Meyer; als Vorweisung der Künstlichkeit der im Werk hervorgebrachten Natur, z. B. in der Arkadien-Vision des Helena-Aktes; als Ver-
rat am Leben durch seine Verwandlung ins Bild, z. B. in
Goethes »Römischen Elegien«[149]; als Selbstgenügsamkeit des
Schönen, das der Daseinsnot entspringt, abermals im Helena-
Akt, und als seine Herrschaft — in der Lynkeus-Szene ebendort[150]. Kunst wird in Kunst kritisiert als Unwirklichkeit
noch ihrer Entscheidung zur Wirklichkeit in Euphorions Auf-
stieg und Sturz; als Zurückbleiben hinter dem Leben, wenn

---

147 Zum Vorrang der Musik vgl. Minima Moralia S. 429 (Nr. 143).
148 Ebenso charakteristisch ist Lukács' Orientierung am Roman,
    der sich am besten von der Widerspiegelungsthese her inter-
    pretieren läßt.
149 Vgl. *Gerhard Kaiser*, Wandrer und Idylle: ein Zugang zur zyk-
    lischen Ordnung der »Römischen Elegien«. In: Archiv für das
    Studium der neueren Sprachen und Literaturen, 1965, S. 1—27.
150 *Adornos* Wort über die großen Kunstwerke, die »das Zerstö-
    rende behalten in der Autorität ihres Gelingens, als zerschmet-
    ternde« (ÄT 81), lassen sich als Kommentar auf die Herrschaft
    des Schönen in dieser Szene lesen.

Prometheus, Pygmalion ihre Geschöpfe nicht beseelen können usw. Gerade weil Kunst thematisch ihre Selbstkritik mit sich führen, sich auf sich selbst durchreflektieren kann, gerade weil Selbstrelativierung eine ihrer möglichen Dimensionen ist, brauchen ihre Gebilde die Selbstaufhebung nicht zu vollziehen, die sie denken können, so wie Relativität überhaupt eine Antwort auf Adornos Absolutismus ist: Schiller, der von Adorno radikal verworfene, hat den ästhetischen Zustand nicht als Sündenfall, sondern als absolute Potentialität um den Preis der Realität beschrieben: Wo Kunst nicht überfordert wird durch den Anspruch, die Bewegung der Wirklichkeit in die Negation zu vollenden, Erlösung vorzubilden, braucht sie nicht unter die Kategorie des Sündenfalls gestellt zu werden. Sie ist dem Anspruch nach Komplementärmodus, relativ zur Realität, nicht Vollendungsmodell der Realität[151] — und gerade darin liegt ihre vornehmste Möglichkeit, Praxis zu kritisieren.

Mit der Betonung des Thematischen soll gegen Adorno nicht die Position einer primitiven Inhaltlichkeit der Werke aufgemacht werden, die vergäße, daß jeder Inhalt nur als Inhalt einer Form gegeben ist. Es ist klar, daß noch die in den Werken thematisierte Selbstkritik der Kunst Kunst bleibt und in der Form jenseits der Selbstrelativierung, die in ihr thematisch ist, solange nicht die Zerrüttung und Relativierung in die Formen selbst einwandert — was in der Moderne

---

151 Diese Bürde wird ihr noch nachdrücklicher von *Herbert Marcuse* auferlegt. Er hofft auf einen »Neubau der Gesellschaft«, bei dem »die Wirklichkeit insgesamt eine Form« annehmen wird, »die das neue Ziel ausdrückt. Die wesentlich ästhetische Qualität dieser Form würde aus ihr ein Kunstwerk machen.« (*H. M.*, Versuch über die Befreiung, Frankfurt 1969, S. 54). Er beschwört eine Ordnung, »die sich in ihrer eigenen Fülle bewegt, eine schöpferische Kraft, die Sinnlichkeit, Spiel und Sang ist.« (*H. M.*, Triebstruktur und Gesellschaft. Bibliothek Suhrkamp 158, Frankfurt 1967, S. 163). Man fühlt sich bei solchen Passagen ein wenig an Jugendstil à la Fidus erinnert.

geschieht[152]. Die Akzentuierung des Thematischen geht nicht
auf bloße Tendenzen der Autoren — wie etwa Adorno die
»rücksichtslose, gleichsam begriffslose Darstellung empirischer
Details wie im Ventre de Paris« gegen die sozialkritische
Tendenz des Naturalismus ausspielt (ÄT 369); zu diesem
Beispiel wäre zu sagen, daß die Begriffslosigkeit der Darstellung, die das Inhaltliche erst auf die ihm gemäße Darstellungsweise bringt, umgekehrt ihre Bestimmung am Inhaltlichen gewinnt: als begriffslose Darstellung dieser Empirie,
die des Begriffs spottet. Zweifellos wäre Humanität als »Sinn«
der Goetheschen »Iphigenie« »fürs Werk gleichgültig«, »wäre
diese nichts als intendiert, abstrakt vom poetischen Subjekt
gemeint, nach Hegels Wort ein ›Spruch‹ wie bei Schiller«.
Sie wird aber mimetisch nicht nur, wie Adorno ausführt,
»vermöge der Sprache« (ÄT 227) — es sei denn in dem all-
gemeinplätzigen Sinn, daß Dichtung Welt nur durch Sprache
und als Sprache vergegenwärtigen kann —, sondern auch
durch den Inhalt des Werkes: Handlung, Figuren, Konstellationen, Reflexion — Elemente, die alle Adornos »Ästhetische
Theorie« nicht sonderlich interessieren. Die zu fordernde Akzentuierung des Thematischen geht aber auch nicht unmittelbar auf die von den Figuren der Werke verlautbarten Ideen.
Weil sie das nicht tut, kann konstatiert werden, daß Adorno
nicht recht hat, wenn er Schiller vorwirft, die Mitteilung
seiner eigenen Philosophie werfe sich zum Gehalt seiner Dichtung auf[153]: Posas Traumbild eines neuen Staates, der Freund-
schaft göttliche Geburt, wird decouvriert dadurch, daß es zu
seiner Durchsetzung der Instrumentalisierung von Menschen,
sogar des Freunds! bedarf; Max Piccolominis Idealismus des
Herzens scheitert in Verzweiflung und in einem Tod, in den
er ein ganzes Regiment als Komparserie seines subjektiven

---

152 Es handelt sich hier um einen Umschlag von Inhalt in Form,
    vergleichbar dem von *Peter Szondi* in der ‹Theorie des mo-
    dernen Dramas« (edition suhrkamp 27) für das Epische im
    Drama beschriebenen.
153 Noten zur Literatur III, Bibliothek Suhrkamp 146, Frankfurt
    1969, S. 115.

Weltuntergangs hineinreißt. Aber diese Spannungsverhält-
nisse können erst entstehen und gesehen werden, wo das
Thematische gesehen und ernstgenommen wird — in den
dialektischen Stadien seiner Formalisierung durch den Inhalt
hindurch, die den dialektischen Stadien im Inhaltwerden der
Form bis hin ins Thematische entsprechen[154]. Dialog und

154 Daß *Adorno* in Einzelabhandlungen wie »Zum Klassizismus
von Goethes Iphigenie (in: Neue Rundschau 1967, S. 586 bis
599) intensiver auf Inhaltsmomente von Dichtung, etwa die
dramatische Handlung, eingeht, kann hier außer acht bleiben,
da es für die systematische Position der »Ästhetischen Theorie« kaum Folgen bringt. Auch für diese Abhandlung gilt übrigens, daß inhaltliche Elemente nur von Fall zu Fall in den
Blick treten, nicht ihr Zusammenhang in sich und unterein-
ander. Das führt zu Willkür; so fällt z B. die Frage der Darstellung und Bewahrheitung des Göttlichen durch den Menschen bei Adorno völlig aus; dabei läuft das Drama auf die Erkenntnis zu, daß Iphigenie aus dem Bild der Göttin ist. Andere
Züge werden aus der Perspektive von Adornos Philosophie
verschoben. Daß »Orest vermöge seiner schroffen Antithese
zum Mythos diesem anheimzufallen droht«, ja, daß »der tiefe
dialektische Zusammenhang des Stücks [...] darin aufzusuchen sein« dürfte (ebd., 598), ist wohl eine kaum haltbare
These. »Die Dichtung prophezeit den Umschlag von Aufklärung in Mythologie. Dadurch, daß Orest den Mythos als ein
von ihm Entfernter, wenn nicht vor ihm Geflohener verurteilt,
identifiziert er sich mit jenem herrschaftlichen Prinzip, in dem,
durch Aufklärung hindurch, das mythische Verhängnis sich ver-
längert. Aufklärung, die sich selbst entläuft; die den Naturzu-
sammenhang, von dem sie durch Freiheit sich scheidet, nicht in
Selbstreflexion bewahrt, wird zur Schuld an der Natur, einem
Stück mythischen Naturzusammenhangs.« (ebd. 598). So
Adorno. Aber das ist »Dialektik der Aufklärung« statt Dialektik der »Iphigenie«, denn bei Orest geht es nicht um Aufklärung, nicht um Antithese gegen den Mythos, sondern um
Auflehnung gegen die Götter. Andererseits kommt *Adorno* zu
tiefen interpretatorischen Einsichten, wo sie in der Linie seines
Denkens liegen, etwa in die Gebrechlichkeit des Schlusses oder
in das Verhältnis von Aufklärung und Theologie: »Auf seiner
obersten Erhebung erreicht das Goethesche Werk den Indiffe-
renzpunkt von Aufklärung mit einer heterodoxen Theologie,
in der Aufklärung sich auf sich selbst besinnt, und die errettet
wird, indem sie in Aufklärung verschwindet.« (ebd., 599) Irri-

Gesprächsführung im Roman sind als Form Inhalt und vice versa. Im Dialog zwischen Mutter und Sohn in »Hermann und Dorothea« oder in den Gesprächen des »Stechlin« vollzieht sich Gesellschaft; in der Parksymbolik der »Wahlverwandtschaften« ist Gesellschaftsproblematik formuliert — und jedesmal ist das formale Element, sei es Dialog, sei es Symbolik — Chiffre einer eigentümlichen Gesellschaftlichkeit. Der auf Gesinnung, nicht Gründen basierende Dialog in »Hermann und Dorothea« entwirft eine andere Gesellschaft, nämlich eine idyllische, doch von Geschichte eingeholte, als das Gespräch im »Stechlin«, das die Differenziertheit und Polyperspektivik bezeugt, die durch den resignativen Rückzug

tierend bleibt die geringe Bereitschaft, Werke als individuell unvergleichlich und eigentümlich zu nehmen. Sie werden nur zu oft an seiner Philosophie gemessen, lies: auf den Nenner seiner Philosophie gebracht und danach in qualitative Rangordnungen eingewiesen. So braucht *Adorno* als Folie für die Heraushebung Goethes, wie häufig, die Abwertung Schillers, der auf ebenso gängige wie überholte Klischees der Forschung reduziert wird — etwa, daß er »die Kantische Ideenwelt zelebrier[e]« (ebd., 586). Und wieder findet sich die peinliche Verwechslung Schillers mit den Äußerungen seiner Figuren. Nicht Schiller, sondern der junge Karl Moor gebraucht die »Tirade« vom »tintenklecksenden Säkulum« (ebd., 588), und mag das allenfalls gewissen Lebensstimmungen des jungen Schiller entsprechen, als Autor ist er weit über diese Position hinaus und behandelt sie mit objektiver Ironie, denn der vom tintenklecksenden Säkulum angeekelte Karl Moor wird eingeführt mit einem Buch in der Hand, wenn es auch »sein« Plutarch ist. Er liest von großen Menschen, sein Ehrgeiz, seine Sucht nach Taten sind literarisch. Ein vergleichbarer Zug von Ironie findet sich im ersten Studierzimmer-Monolog Fausts, wenn er aus der Studierstube hinaus ins weite Land fliehen möchte, mit einem Buch in der Hand, das doch auch, und sei es von Nostradamus' eigner Hand, die Unmittelbarkeit zum Leben verstellt. Adorno könnte seine eigene philosophische These — »die Vergeblichkeit des Gestus von Unmittelbarkeit im Stand universaler Vermittlung« —, die er Goethe zuweist (ebd., 588), ebensogut an Schillers »Tirade« in ihrem dramatischen Kontext exemplifizieren.

aus der Geschichte ermöglicht werden. Die Parksymbolik der »Wahlverwandtschaften« verweist auf eine Gesellschaft von künstlicher Natürlichkeit. Alles das geschieht durch die Form, aber erst in Bezug auf die Inhaltlichkeit, die sich in ihr darbietet.

Nun besteht das Eigentümliche der »Ästhetischen Theorie« Adornos darin, daß sie diese Position keineswegs bestreitet, vielmehr ausdrücklich eine Form-Inhalt-Dialektik entwickelt, wonach erst als Sedimentation der Inhalte Form ansichtig wird, so wie Inhalte nur in der Kristallisation der Form erscheinen[155]. Der Unterschied zu Hegels Formel, »daß der Inhalt nichts ist, als das Umschlagen der Form in Inhalt, und die Form nichts, als Umschlagen des Inhalts in Form«[156], besteht vor allem darin, daß Adorno, gemäß seiner nicht symbolischen, sondern allegorischen Auffassung von Kunst, diese Dialektik in den Werken nicht zur Ruhe kommen läßt, sondern als Sprengkraft unablässiger wechselseitiger Negation denkt, der gemäß Inhalt und Form immer auch im Widerstreit bleiben — in der Sperrigkeit des Inhalts gegen die Überwältigung durch die Form, in der Dementierung der Intentionen des Autors, die in Inhaltsschichten des Werks sich durchsetzt, durch die Form, die nun ihrerseits Intentionen des Autors spannungsvoll in sich aufhebt usw. Entscheidend für die »Ästhetische Theorie« ist aber, daß Adorno diesen Ansatz in praxi nicht folgerichtig durchführt, vielmehr das Inhaltliche der Form forciert gegenüber dem Formalen des Inhalts, wie es bis ins Thematische hineinreicht. Ist doch etwa die Thematisierung der Kunstproblematik Formmoment dadurch, daß sie eine höchste Potenzierung der Form setzt: Indem die Helena-Tragödie Schönheit als Natur und Kunst verhandelt, kommt die Dramenform zum Vorweis ihrer Künstlichkeit. Sie formt Dichtung aus Zitaten von Dichtung, Theater aus Zitaten theatralischer Formen wie der griechischen

155 Vgl. u. a. ÄT 215—219, 432.
156 *Hegel*, Sämtliche Werke. Jubiläumsausgabe, Bd. 8, S. 302; vgl. auch ebd., 303: »Wahrhafte Kunstwerke sind eben nur solche, deren Inhalt und Form sich als durchaus identisch erweisen.«

Tragödie oder der Oper[157]. Adorno neigt dazu, ohne Blick auf solche Phänomene den Inhalt seines Formmoments zu entkleiden, auf pure Faktizität oder bloße Absicht und Tendenz zu reduzieren und abzuwerten — wie etwa die falsche Alternative des »Iphigenie«-Beispiels zeigt. Erst wenn das Formmoment des Inhalts konsequent verfolgt wird, kommen aber speziell in Literatur die Implikate an Stofflichkeit, Begrifflichkeit, ausdrücklicher Reflexion, die komplizierten dialektischen Schichtungen dessen wirklich zur Geltung, was Adorno als begriffslose Sprache der Werke in der Form faßt, und zwar ohne daß dadurch Adornos Dictum außer Kraft gesetzt würde. In der nicht begrifflich artikulierten Reflexion der Form als einem letzten Horizont der Werke sind alle diese Momente aufgehoben, und zwar in Position zueinander, noch wo sie sich wechselseitig negieren. Adornos Vernachlässigung des Thematischen als des rationalsten und stofflichsten Inhaltsmoments zugleich, das doch auch schon mehr ist als bloße Intention und bloßer Inhalt, zeigt eine gegenüber der Inhaltsästhetik nicht voll durchgeführte Form-Inhalt-Dialektik an. Daß die Momente bei Adorno nichts anderes tun, als sich gegenseitig zu negieren, ist ein Kurzschluß seiner Dialektik auch in der Theorie. Gegen diese seine eigene Gefahr scheint Adorno den nicht genuin dialektischen Begriff der Konstellation eingeführt zu haben, an dem er aber dann doch wieder die Dialektik des Verschwindens und Verbrennens herausarbeitet. Nichtsdestoweniger enthält er auch in sich, daß die Elemente einer Konstellation koexistieren, Chor des Vielen sind. »Zur Konstellation bringen, wie es ist, ›Comment c'est‹« (ÄT 201), bezeichnet eine eigentümliche Positivität. Indem sich Adorno gegen sie blind macht, kehrt er noch der vergeistigten Realität in den Werken den Rücken.

Mit diesem entscheidenden Impuls seines Denkens bekommt die Zentralstellung der Ästhetik eine einzigartige Begründung

157 Vgl. *Horst Rüdiger*, Weltliteratur in Goethes »Helena«, in: Jahrbuch der deutschen Schillergesellschaft 8, 1964, S. 172 bis 198.

bei Adorno. Gründet bei Lukács der Primat der Ästhetik innerhalb des theoretischen Denkens in der Einschätzung der Kunst als der Kraft, die den ganzen Menschen in den Menschen ganz verwandelt[158] und damit die Richtung auf das Ziel weist, zu dem die Geschichte unterwegs ist, so ist bei Theodor W. Adorno die Zentrierung der Kritischen Theorie auf die Ästhetik darin begründet, daß sie der Kunst als dem authentischen Ausdruck des Leidens an der hoffnungslosen und ausweglosen gesellschaftlichen Wirklichkeit gilt. In dieser letzten und letztmöglichen Position Adornos liegt die Faszination seiner Ästhetik als der Totalnegation der gegebenen Wirklichkeit: Sie hilft der Klage der Kunst zur Sprache der Theorie und der Sprache der Theorie zur Klage. In dieser letzten und letztmöglichen Position, in der das Unbehagen der radikalen Linken innerhalb der studentischen Bewegung zeitweise seine Rationalisierung gefunden hatte, liegt aber auch die Bruchstelle, an der diese radikale Linke weitergedrängt ist — hinaus über Adornos unselig in sich selbst scheinende Ästhetik oder besser: hinter sie zurück — sei es in einen spontanen Aktionismus, sei es in die Kaderarbeit der KP, sei es in einen neuen theoretischen Anlauf zur Praxis, der Benjamins Schriften »Über das Kunstwerk im Zeitalter seiner technischen Reproduzierbarkeit« und »Der Autor als Produzent« gegen Adorno ausspielt, in Parodie des dialektischen Aufklärers Adorno diesen aufklärend[159]. Aus Adornos

158 *Georg Lukács*, Die Eigenart des Ästhetischen. 1. Halbband, S. 807.

159 Wie das etwa in den Überlegungen »Zur Weiterarbeit an der Ästhetik der kritischen Theorie« von *Tillmann Rexroth* (in: Ästhetik und Kommunikation. Beiträge zur politischen Erziehung. Heft 1, Juli 1970, Jg. 1, S. 48—51) geschieht, dem die Anzeichen eines empirischen Scheiterns der Emanzipation mittels der Kunst »nicht die theoretische Bestimmung der Notwendigkeit ihres Scheiterns zu erzwingen [scheinen], die wahrscheinlich aus Adornos weitgehender Identifizierung eines scheiternden Weltlaufs mit den untergehenden Emanzipationsgehalten des Bürgertums resultiert. Es scheint uns wert, Untersuchungen anzustellen, die weder in der funktionalisierten Kunst unendliche Möglichkeiten hypostasieren, noch die Inte-

Position einer nur als Theorie noch möglichen Praxis erfolgt
der Salto mortale der von Adorno verlassenen Generation in
eine nur als Praxis noch mögliche Theorie — in den Praxis-
fetischismus der jüngsten Jahre.

Die Publikation von Adornos »Ästhetischer Theorie« ist
aber nicht nur darin epochemachend, daß sie eine letzte Position darstellt, sondern auch darin, daß sie das gesamte Problemfeld der Ästhetik ausschreitet, während die produktive
marxistische und neomarxistische Ästhetik bisher über einzelne Aspekte historischer oder systematischer Art nicht hin-
ausgekommen ist und Lukács' Ästhetik als ein großer Torso
vor uns steht. Im eingelösten Anspruch, eine ästhetische Theorie darzubieten, angesichts einer Philosophie und einer Kunstwissenschaft, die in ihren außermarxistischen Richtungen
weder willens noch fähig ist, einen entsprechenden Gesamt-
entwurf zu präsentieren, ist Adornos »Ästhetische Theorie«
zugleich eine Herausforderung wie im vorhinein eine Infragestellung der Kritik, die sich, noch und gerade, wo sie widerspricht, durch Adorno auf das Niveau einer Problementfal-
tung gehoben sieht, das nicht ihr eigenes ist, und die sich in
dieser Philosophie einer fast monomanischen Denkenergie
ausgesetzt findet, die schwerlich einholbar ist. Daß diese
Denkenergie nicht auf anwendbare Ergebnisse zielt, ist innerhalb ihrer eigenen Voraussetzungen kein Einwand gegen sie.
Denn sie reflektiert letztlich die Unmöglichkeit des Denkens,
nicht die Gegenstände. Die Intention auf Untergang in den
Gegenständen meint auch deren Untergang. Bei aller schein-
baren Gegenstandsnähe ist dieses Denken eigentümlich gegen-
standslos: Kontemplation, aber nicht, wie die aristotelische
θεωρία, die Adorno zitiert, auf ein Seiendes, sondern auf
ein im Untergang verheißenes Aufgehendes — hierin ver-

gration der Kunst im Verlaufe der gezähmten Revolution mit
der Integration funktionaler Momente der Kunst in der Kul-
turindustrie für prinzipiell identisch behaupten. Es scheint uns,
daß eine ausgeführte Theorie, die nicht vorab die Notwendigkeit dieses Scheiterns behauptet, dessen Wahrscheinlichkeit
mindern könnte.« (dort S. 51).

schränken sich antike und jüdisch-christliche Tradition bei Adorno[160]. »Das Schlechte an der Kontemplation bis heute, der diesseits von Praxis sich genügenden, wie Aristoteles erstmals als summum bonum sie entwickelt hatte« (ND 240), trägt einen Abglanz von einer »Kontemplation [...] ohne Inhumanität« (ND 240), die sich jenseits der Praxis auftut, ja, die wohl überhaupt das monologische Jenseits von Praxis ist. Im Untergang in untergehenden Gegenständen gewinnt Adornos Blick eine tödliche Schärfe für alle Spannungen, Katastrophen, Diskontinuitäten, Bruchstellen in den Werken und ihren gesellschaftlichen, historischen und systematischen Zusammenhängen, eine Perspektive, die nicht wieder verlorengehen darf. Das Gleiche gilt für Adornos Durchdringung der modernen Kunst, wenn auch die Behauptung, sie sei dem Verständnis der Zeitgenossen näher als die der Vergangenheit, daran vorbeigeht, daß das geistig und zeitlich Entfernte andere und nicht geringere Erkenntnischancen bietet als das Nahe: Wissen wir doch auch in vieler Hinsicht von uns selbst weniger als von anderen. Im ganzen hat Adorno den Anspruch der Werke und den Anspruch an Ästhetik und ästhetische Erfahrung mit einer provokativen Unerbittlichkeit und Monumentalität formuliert und im Niveau seiner ästhetischen Reflexion erfüllt, an dem Kunstwissenschaft sich von nun an wird messen lassen müssen, auch wenn sie dabei abfällt und auch wenn diese Ansprüche unpopulär sein mögen in einem Augenblick, in dem die Literaturwissenschaft die Werke auf ihre Rezeption, die Bedeutung literarischer Phänomene aufs Quantitative und den Interpreten auf einen höher ambitionierten Leser zu reduzieren neigt[161]. Adornos Denken gegen das Denken und die ihm gegebene Wirklich-

---

160 *Theunissen*, Gesellschaft und Geschichte, scheint mir demgegenüber zu einseitig die Rückkehr zur antiken θεωρία zu betonen.

161 Immerhin wird eine kommunikationstheoretisch orientierte Literaturwissenschaft *Adorno* vorhalten können, daß er den Mitteilungscharakter, den Kunst auch besitzt, verdrängt oder in falschen Alternativen wie Arbeit und Mitteilung (ÄT 249) po-

keit führt in einen stehenden Sturmlauf der Paradoxien, der sein Werk im Prinzip unabschließbar macht. Was die »Ästhetische Theorie« als letztes, durch den Tod abgebrochenes Werk des Verfassers ist, Fragment, das ist sie ihrer Anlage nach. Man möchte diesem Werk zusprechen, was zuweilen Arbeiten hohen Ranges geschieht: daß der Zufall der Nichtvollendung die innere Notwendigkeit der Form herausgetrieben und besiegelt hat. Auch wenn diesem Denken gegen das Denken und die ihm gegebene Wirklichkeit entgegenzuhalten ist, es müsse so gedacht werden können, daß gelebt werden kann: Adornos radikale Position, im ganzen nicht rezipierbar, hat Einsichten freigegeben, die von keinem anderen Punkt aus zu gewinnen gewesen wären.

lemisch abwertet. Auch das Sichsperren der Werke gegen das Verstehen, der von ihnen ausgehende Schock können als eine ihnen spezifische Art von Mitteilung begriffen werden.

Weitere Einzelveröffentlichungen des Verfassers:

Pietismus und Patriotismus im literarischen Deutschland
Ein Beitrag zum Problem der Säkularisation
Wiesbaden 1961. Zweite ergänzte Auflage Frankfurt/M. 1973

Klopstock. Religion und Dichtung
Gütersloh 1963

Geschichte der deutschen Literatur
von der Aufklärung bis zum Sturm und Drang
(1730–1785)
Gütersloh 1966

Vergötterung und Tod
Die thematische Einheit von Schillers Werk
Stuttgart 1967

Günter Grass: Katz und Maus
München 1971

Die Dramen des Andreas Gryphius
Eine Sammlung von Einzelinterpretationen
[Herausgeber; fünf eigene Beiträge] Stuttgart 1968

Antithesen
Zwischenbilanz eines Germanisten 1970–1972
Frankfurt 1973

MODERNE STUDIENBÜCHER

Siegfried Jäger u.a.
Sprechen und soziale Schicht
Werkstattbericht aus dem Forschungsprojekt, Schichtenspezifischer
Sprachgebrauch von Schülern
1973, 124 Seiten, kartoniert, 12,80 DM

Jutta Lilienthal
Praxis der Literaturvermittlung
Der Pädagogische Apparat französischer literarischer Schulausgaben
1974, ca. 170 Seiten, kartoniert, ca. DM 14,—

Hermann Keckeis
Das deutsche Hörspiel 1923-1973
200 Seiten, kartoniert, DM 16,80

Ludwig Rohner
Theorie der Kurzgeschichte
1973, 283 Seiten, kartoniert, DM 24,—

Christian Metz
Sprache und Film
1973, 320 Seiten, kartoniert, DM 38,—

Jahrbuch für Internationale Germanistik, Jahrgang V, Heft 1
Rahmenthema VI: **Medientheorie und Massenkultur**
1974, ca. 200 Seiten, kartoniert, ca. 34,— DM

LiLi-Beiheft
Toni Kaes/Bernhard Zimmermann
Trivialliteratur und Massenkultur
1973, ca. 220 Seiten, kartoniert, ca. DM 18,—

 ATHENÄUM VERLAG

Fischer Athenäum Taschenbücher

Literatur- und Sprachwissenschaft

Peter U. Beicken

Forschungsbericht zu Franz Kafka

ca. 240 Seiten (FAT 2014)

Uta Quasthoff

Soziales Vorurteil und Kommunikation

Eine sprachwissenschaftliche Analyse des Stereotyps

ca. 300 Seiten (FAT 2025)

Viktor Žmegač/ Zdenko Škreb (Hg.)

Zur Kritik literatur- wissenschaftlicher Methodologie

ca. 240 Seiten (FAT 2026)

Utz Maas

Linguistik als Legiti- mationswissenschaft

Argumente für die Emanzipation des Sprachunterrichts

ca. 240 Seiten (FAT 2058)

Hugo Dittberner

Heinrich Mann Eine kritische Einführung

ca. 200 Seiten (FAT 2053)

Heinz Ludwig Arnold (Hg.)

Deutsche Literatur im Exil

Geschichte der deutschen Literatur aus Methoden Band 6

ca. 300 Seiten (FAT 2035)

Christa Bürger

Textanalyse als Ideologiekritik

Studien zur zeitgenössischen Unterhaltungsliteratur

ca. 160 Seiten (FAT 2063)

Dietger Pforte (Hg.)

Comics im ästhetischen Unterricht

ca. 220 Seiten (FAT 2061)

Diese Titel sind in einer Leinen- ausgabe im Athenäum Verlag, Frankfurt, erhältlich.

Arno Schmidt
Die Schule der Atheisten
Novellen-Comödie in 6 Aufzügen
2 Ausgaben:
Leinen mit Schuber, 272 Seiten
broschiert, 272 Seiten
Format 24,5 x 34 cm

Eine Farce aus dem Jahre 2014, mit Erzählungen aus der Vergangenheit von 1969. In einem deutschen Reservat an der Eider treffen sich die Vertreter der beiden letzten Weltmächte, China und USA. Was sich dort anspinnt, ist Slapstickburleske reinen Wassers.